생생한

LIVE 중국어

1 개정판

www.shinasa.co.kr
음성파일
MP3
무료다운로드

신아사

머리말

이전에 대학에서 신입생을 대상으로 중국어 교재를 만들거나 교안을 작성할 때는 기초 중국어를 교육을 한다는 데에 별 고민의 여지가 없었습니다. 그러나 차츰 중국어의 대중화로 수요가 급증하게 되었고, 학습 기회와 경로가 훨씬 다양해지고 있으며, 과거보다 더 높은 수준의 중국어 능력을 요구하게 되었습니다. 과거와 같은 획일화되고 공식화된 중국어 학습보다는 새로운 방식과 형태를 가진 교재의 출현이 필요하게 되었고 또 시도되고 있습니다. 이 책 역시 이러한 문제점을 인식하고 가능한 해결해 보고자 다음과 같은 몇 가지 부분에 초점을 맞추어 편찬 작업을 전개하였습니다.

첫째, 신입생 사이에 수준 편차가 크게 발생하게 되었습니다. 초급자와 선행학습자가 뒤섞이게 되어 어떤 교재는 누구에게는 너무 쉽고, 누구에게는 너무 어려워 학습자와 교육자 서로가 수업에 대한 흥미와 만족도가 떨어지게 되었습니다. 따라서 가능한 초보자와 단기 선행학습자 모두를 만족시키고자 노력하였습니다.

둘째, 초급 단계에서는 읽기와 말하기, 쓰기, 듣기의 경계가 분명치 않으므로 읽고, 듣고, 말하는 통합적 성격을 갖고자 하였습니다.

셋째, 대학생이라는 학습자에 맞는 기본 어휘와 내용, 어법 항목을 택하였습니다.

넷째, "Live 중국어"라는 책의 제목처럼 현재 중국에서 생생하게 통용되는 여러 표현 예와 문형 구조를 선별하여 편하였습니다.

다섯째, 대학생 위주의 성인 학습자를 대상으로 한 학기용으로 개발하였습니다.

저희 집필진은 현대 중국어의 생생함을 살리고, 체계 있고 단계별 교육을 위한 첫 작업으로 1년여의 작업 끝에 "Live 중국어 I "을 출간하게 되었습니다. 앞으로 수준과 단계에 맞는 내용으로 II, III, IV를 지속적으로 집필하여 출간할 계획입니다. 보다 알찬 내용의 교재 편찬을 위해 갖은 노력을 다 할 것입니다. 부디 독자 여러분들의 애정 어린 관심과 따뜻한 조언을 부탁드립니다.

끝으로 본 교재의 출간을 위해 물심양면 많은 노력과 지원을 해주신 신아사 여러분들께 깊은 감사의 말씀을 드립니다.

2017년 1월 집필진 일동 拜上

CONTENTS

이 책의 구성

발음해 보아요

중국어의 기본적인 발음을 1과에서 8과까지 나누어서 중국어의 발음특징을 정확하게 익히도록 하였습니다. 성모, 운모, 성조 그리고 변조도 익혀서 정확하게 발음할 수 있도록 구성하였습니다.

새로운 단어

본문에 나오는 새 단어와 구에 해당하는 어휘의 발음과 의미를 제시하였다.

문형확장

본문에서 다루는 문장들 가운데 주요한 표현만을 단계적으로 확장해서 표현할 수 있도록 하기 위해서 단계적으로 제시하였다.

표현 익히기

대화의 언어 환경을 고려하여 필수적으로 익혀야 할 표현들을 주로 다루며, 이들 표현에서 틀리기 쉽거나 어려워하는 어휘로 문장을 구성할 수 있도록 구성하여 학습자가 주요표현을 반드시 익히고 본문을 배울 수 있도록 구성하였다.

단어 · 주요표현 및 문법

본문에서 다루어진 필수적인 문법항목과 그 문법항목을 활용 시 필요한 단어나 주요표현을 본문보다 먼저 배우고 본문을 배울 수 있도록 구성되어 있다. 이와 같이 수업이 진행된다면 문법도 효율적으로 익히고 본문에서 활용할 수 있으리라 여겨진다. 이 부분이 본 교재의 장점이다.

본 문

중국어로 의사소통 할 때 가장 필수적이면서 자주 사용되는 표현들을 주제별로 구성하여 본문을 구성하였다. 주제에 따라 본문의 2 혹은 3단원으로 구분하여 상황에 맞게 회화를 구성하였다.

연습문제

연습문제는 일반연습(연습하기)과 심화연습(workbook) 두 부분으로 나눠어진다.

듣기, 말하기, 읽기, 쓰기 등 언어의 4가지 기능을 골고루 고려하여 본문내용을 토대로 연습이 이루어 지고, 문화요소를 고려한 문제를 심화연습에 적절히 배정하였다.

학습목표

	주요 표현	문법 포인트
제 1 과	他是哪国人? 그는 어느 나라 사람입니까?	
학습 목표	인사하기 국적 묻기	일반의문문 동사 술어문
제 2 과	我学习很忙。저는 공부하느라 바쁩니다.	
학습 목표	학과 전공 표현 가족 호칭 언어 표현	의문대명사 의문문 형용사 술어문
제 3 과	你家有几口人? 당신은 가족이 몇 명입니까?	
학습 목표	가족 소개하기 직업 및 신분 표현 나이 표현	"有"자문
제 4 과	今天几月几号? 오늘은 몇 월 며칠 입니까?	
학습 목표	숫자 읽기 날짜 요일 표현	소속관계 "的" 정도표현 "太~了"
제 5 과	明天你有时间吗? 내일 시간 있습니까?	
학습 목표	동작 연속 표현 사물의 단위표현: 양사	정반의문문 연동문
제 6 과	복습	
학습 목표	1~5과의 표현을 복습하기	1~5과의 문법을 복습하기

	주요 표현	문법 포인트
제 7 과	你家在哪儿? 당신 집은 어디입니까?	
학습 목표	방식을 묻는 표현 거리 표현 공간의 기점과 종점 표현	"在" 자문 "去"와 "回"의 비교 부분부정 "不太"
제 8 과	我们一起看电影, 怎么样? 우리 함께 영화보러 가는 게 어떻습니까?	
학습 목표	정도표현 "非常"과 "真" 비교 동작의 대상표현	전치사 "给" 전치사 "在" 동작의 조건: 부사어
제 9 과	你在干什么呢? 당신은 무엇을 하고 있습니까?	
학습 목표	진행표현 의지표현 "~하기 좋다" 표현	정도부사 "最" 정도부사 복습 조동사 "要"
제 10 과	假期我想去海边。방학 때 저는 해변에 가고 싶습니다.	
학습 목표	선택을 묻는 표현 바램표현	선택의문문 상황변화의 어기조사 "了" 조동사 "想"
제 11 과	你喜欢吃什么韩国菜? 당신은 어떤 한국음식을 좋아합니까?	
학습 목표	부정표현: "没" "喜欢"과 관련된 표현	부정부사 "没" 정도부사 "相当"
제 12 과	복습	
학습목표	7~11과 표현 복습	7~11과 문법 복습

일러두기

1 이 책은 한국을 배경으로 실제 대학생을 주인공으로 하여 구성되었다.

2 등장인물

강한빈(姜韩斌) : 한국인, 창원거주.
김지은(金知恩) : 한국인, 부산 해운대 거주.
이 준(李 俊) : 중국인, 북경에서 한국으로 유학 온 유학생.
전공- 국제 무역, 기숙사 거주.
오소영(吴小莹) : 중국인, 상해에서 한국으로 유학 온 유학생.
한국어 연수, 기숙사 거주.

3 주요 상황

주인공 4명은 서로 아는 사이면서 서서히 친구가 되어간다. 그러나 강한빈은 오소영을 알지 못하고 김지은의 집에서 처음 보고 알게 되며, 서서히 상대방을 이해하게 되고, 이후 교류하게 된다. 친구들 사이에 이별, 좌절을 겪고 중국에서 재회를 하게 된다.

중국어의 품사는 다음과 같이 약자로 표시한다.

명	명사	접	접속사	양	양사
고유	고유명사	대	대명사	조	조사
형	형용사	의대	의문대명사	조동	조동사
동	동사	전	전치사	감	감탄사
부	부사	수	수사	어기	어기조사

생생한

LIVE 중국어

1 개정판

www.shinasa.co.kr

음성파일 MP3 무료다운로드

1. 중국어란?

한어 汉语란?

중국인이 사용하는 언어가 한어이다. 중국은 넓고 광활한 지역이지만 통일된 "표준어(보통화)"와 방언(사투리)이 있다. "표준어(보통화)"는 통일된 발음이 규정되어 있으며, 외교, 방송, 교육, 서적 등에서 통일하여 사용한다.

한자 汉字란?

한자는 한어를 기록하는 문자이다. 전 세계에서 오래된 문자 중의 하나이다. 한자는 번체자(繁体字)와 간체자(简体字)로 구분한다. 현재 홍콩, 대만, 일본, 한국 등지에서는 아직 번체자를 사용하고 있다. 그러나 중국 정부에서는 가능한 빨리 표준어를 국민들에게 교육시키고자 1960년대 한자를 간화하기 시작하였고, 교육, 자전교재에서 간체한자를 통일하여 사용하였다. 현재 중국 대륙과 싱가폴에서도 간체자를 사용한다. 본 교재는 한자의 간체자와 보통어의 발음을 기준으로 쓰여졌다.

병음 拼音이란?

중국어 표준어의 발음은 병음(拼音)을 기준으로 하여, 초보자가 중국어와 한자를 발음하기 위해 표기한다. 병음은 성모(声母)、운모(韵母)、성조(声调)로 조성된다.

성모 + 운모 + 성조	자음 + 모음
hàn yǔ	한어
汉 语	漢語
zhōng guó	중국
中 国	中國

표준어를 보급하기 위해서 중국정부는 1950년에 한자의 법적 발음기호를 병음(拼音)으로 제정하여 사용하고 있다. 병음은 성모, 운모, 성조 등의 세 부분으로 조성된다. 그 가운데 21개의 성모, 36개의 운모, 성모와 운모가 결합되어 하나의 음절로 조성되고, 각 음절은 4개의 성조를 가질 수 있다.

성조 声调란?

중국어의 성조는 제1성, 제2성, 제3성, 제4성을 갖는다. 짧고 약하게 발음하는 경성도 있다. 그리고 실제 중국어로 의사소통할 시에 경성, 儿化音, 3성의 변조 등에 주의해야 한다.

2. 중국어 발음

(1) 성조 발음법

성조는 음의 높낮이를 말한다. 그리고 음의 높낮이의 변화에 따라 네 가지의 성조로 나눌 수 있다. 즉, 음이 일정한 높이를 유지하는 것, 밑에서 위로 올라가는 것, 위에서 밑으로 내려가는 것, 밑으로 내려갔다가 다시 위로 올라가는 것 등이 있다. 이러한 음의 높낮이 변화를 자세하고 정확하게 도표화한 것이 5도를 이용한 성조표시법이다.

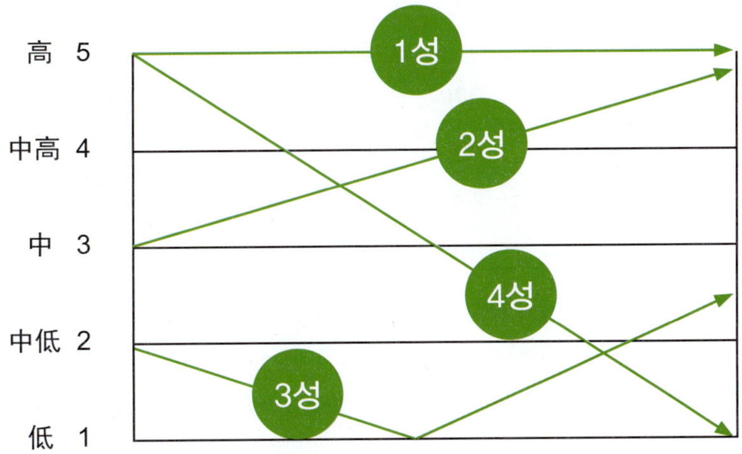

제1성 : '솔~' 높이의 음으로 높고 평탄한 소리.

제2성 : '네↗?'의 높이로 음이 밑에서 위로 빠르게 끌어올리는 소리.

제3성 : 가장 낮은 음까지 내려갔다가 다시 위로 올라가는 소리.

제4성 : 가장 높은 음에서 가장 낮은 음으로 빠르고 짧게 뚝 떨어지는 소리.

경 성 : 가볍고 짧은 소리

제 1 성	제 2 성	제 3 성	제 4 성	경 성
mā 妈(엄마)	má 麻(삼베)	mǎ 马(말)	mà 骂(꾸짖다)	ma 吗(의문조사)

(2) 성조 연습

bā	bá	bǎ	bà	dū	dú	dǔ	dù
jī	jí	jǐ	jì	gē	gé	gě	gè
nī	ní	nǐ	nì	yū	yú	yǔ	yù
hēi	héi	hěi	hèi	bāi	bái	bǎi	bài
māo	máo	mǎo	mào	jiā	jiá	jiǎ	jià
wēi	wéi	wěi	wèi	yān	yán	yǎn	yàn
nān	nán	nǎn	nàn	māng	máng	mǎng	màng

(3) 경성 : 경성은 가볍고 짧게 발음한다. 경성의 음높이는 앞 성조의 영향을 받는다.

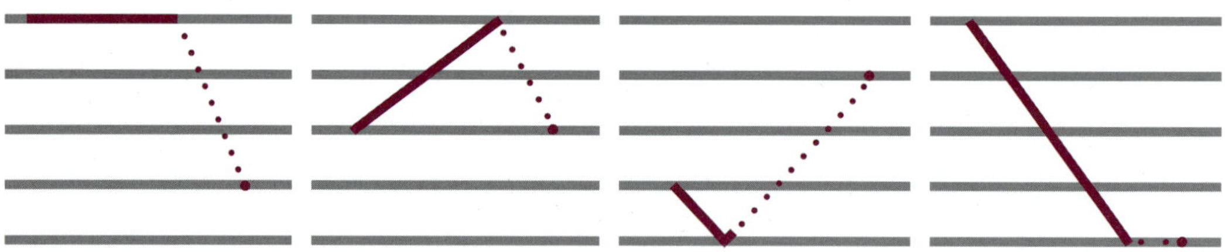

제1성 + 경성	제2성 + 경성	제3성 + 경성	제4성 + 경성
māma(妈妈)	yéye(爷爷)	jiějie(姐姐)	bàba(爸爸)
tāmen(他们)	shénme(什么)	wǒmen(我们)	zhème(这么)

(4) 성조변화(변조)

• 제3성의 성조변화

1. 제3성과 제3성이 연이어 나올 경우, 앞의 제3성은 제2성으로 발음한다.
2. 제3성이 제1성, 제2성, 제4성, 경성의 앞에 나올 경우, 앞의 제3성은 반3성(半三聲)으로 발음한다. 반3성이란 제3성에서 음이 낮게 깔리고 끝부분이 올라가지 않는 것을 가리킨다.

제3성 + 제1성 → 반3성 + 제1성

∨ + − → ◟ + − : lǎoshī(老师), xiǎoshuō(小说)

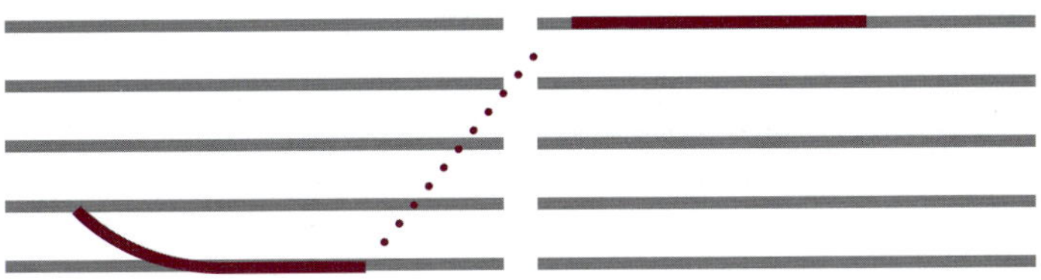

제3성 + 제2성 → 반3성 + 제2성

∨ + ↗ → ◟ + ↗ : xiǎoshí(小时), yǐqián(以前)

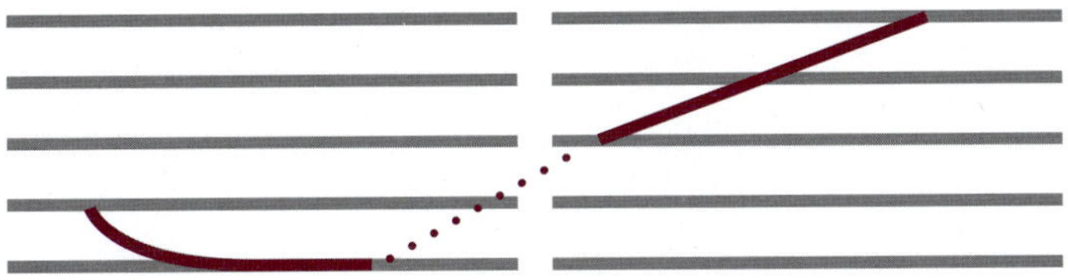

제3성 + 제3성 → 제2성 + 제3성

∨ + ∨ → ◞ + ∨ Nǐ hǎo(你好), kěyǐ(可以)

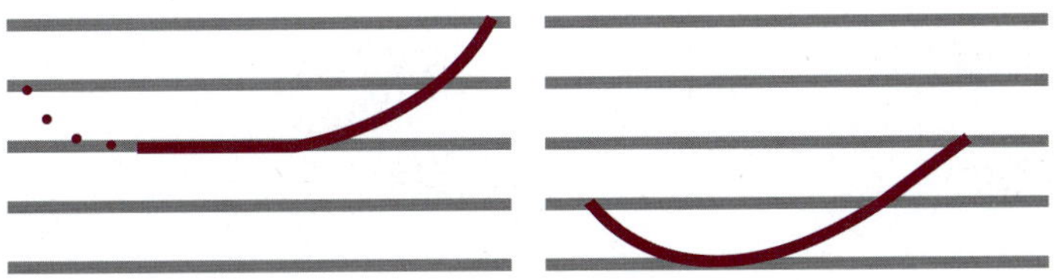

제3성 + 제4성 → 반3성 + 제4성

∨ + ↘ → ◟ + ↘ qǐngwèn(请问) lǎodà(老大)

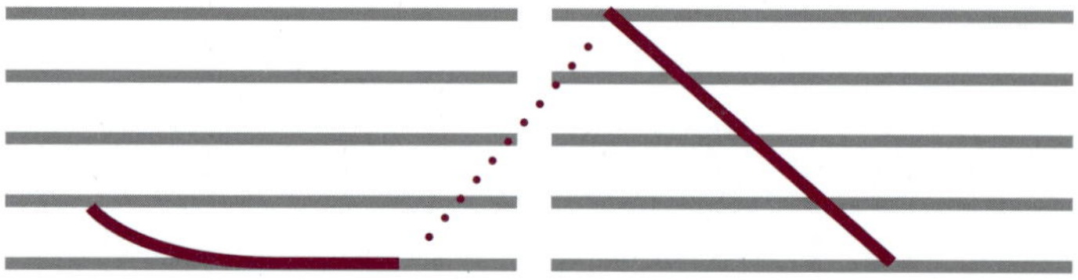

제3성 + 경성 → 반3성 + 제1성

∨ + · → ◟ + · jiějie(姐姐) xǐhuan(喜欢)

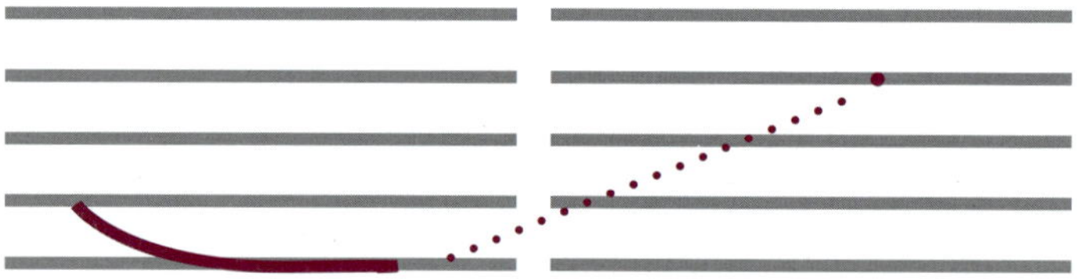

fāng	fáng	fǎng	fàng
方	房	访	放
方向	工房	访问	放心
방향	공방	방문	방심

1성	2성	3성	4성	경성
jiā	tíng	zhǔ	fù	ne
家	庭	主	妇	呢
가	정	주	부	

1성+경성	2성+경성	3성+경성	4성+경성
māma	yéye	jiějie	bàba
妈妈	爷爷	姐姐	爸爸

01

他是哪国人？

그는 어느 나라 사람입니까?

학습목표

인사하기
국적 묻기

일반의문문
동사 술어문

발음해 보아요

	a	o	e	i	u	ü	er
b	ba	bo		bi	bu		
p	pa	po		pi	pu		
m	ma	mo	me	mi	mu		
f	fa	fo			fu		
d	da		de	di	du		
t	ta		te	ti	tu		
n	na		ne	ni	nu	nü	
l	la		le	li	lu	lü	
	a	o	e	yi	wu	yu	

수업시간에 배운대로 발음에 대한 설명을 적어보세요.

b :

p :

m :

f :

d :

t :

n :

l :

bā	bá	bǎ	bà	dū	dú	dǔ	dù
mī	mí	mǐ	mì	pā	pá	pǎ	pà
nī	ní	nǐ	nì	tū	tú	tǔ	tù
fēi	féi	fěi	fèi	lāi	lái	lǎi	lài

새로운 낱말

老师	lǎoshī	명 선생님
汉语	Hànyǔ	명 중국어
名字	míngzi	명 이름
朋友	péngyou	명 친구
我	wǒ	대 나
你	nǐ	대 너
他	tā	대 그
什么	shénme	의대 무엇 / 무슨
好	hǎo	형 좋다 / 안녕하다
高兴	gāoxìng	형 기쁘다
叫	jiào	동 ~라고 부르다
认识	rènshi	동 알다 / 인식하다
是 · 不是	shì / búshì	동 입니다 / 아닙니다
也	yě	부 ~역시
很	hěn	부 매우
位	wèi	양 분(명의 높임)
吗	ma	어기 의문조사
呢	ne	어기 어기조사
中国人	Zhōngguórén	중국인
哪国人	nǎguórén	어느 나라 사람
韩国人	Hánguórén	한국인
美国人	Měiguórén	미국인

문형 확장

老师　lǎoshī
汉语老师　Hànyǔ lǎoshī
是汉语老师　shì Hànyǔ lǎoshī
这位是汉语老师　Zhè wèi shì Hànyǔ lǎoshī

名字　míngzi
什么名字　shénme míngzi
叫什么名字　jiào shénme míngzi
你叫什么名字　Nǐ jiào shénme míngzi

人　rén
中国人　Zhōngguórén
是中国人　shì Zhōngguórén
不是中国人　búshì Zhōngguórén
我不是中国人　Wǒ búshì Zhōngguórén

高兴　gāoxìng
很高兴　hěn gāoxìng
认识你很高兴　Rènshi nǐ hěn gāoxìng

표현익히기

❉ 주요 표현을 함께 만들어 보아요.

1. 당신 이름이 무엇입니까?

你 ______ 什么 ______ ?

jiào　　　míngzi

2. 제 이름은 ~입니다.

我 ______ ______ 。

jiào　　　[본인의 이름을 적어보세요]

3. 저는 한국인입니다.

我 是 ________ 。

Hánguórén

4. 만나서 반갑습니다.

________ 你 很 ________ 。

Rènshi gāoxìng

단어 · 주요표현 및 문법 I

你	nǐ	대 너
他	tā	대 그
好	hǎo	형 좋다 / 안녕하다
这	zhè	대 이것
位	wèi	양 분 (높임표현)
是 / 不是	shì/ búshì	동 입니다 / 아닙니다
叫	jiào	동 이름이 ~입니다 / ~라고 부르다
什么	shénme	대 무엇 / 무슨
名字	míngzi	명 이름

● 판단표현 : “是”

신분이나 어떤 상황의 판단을 표현한다. 부정형은 “不是”를 표현한다.

你是哪国人？

我是法国人。

他不是姜韩斌，是李俊。

他不是中国人，是韩国人。

본문 1

Nǐ hǎo!
姜韩斌：你好！

Nǐ hǎo!
金知恩：你好！

Zhè wèi shì Hànyǔ lǎoshī.
姜韩斌：这位是汉语老师。

Lǎoshī hǎo!
金知恩：老师好！

Nǐ hǎo, nǐ jiào shénme míngzi?
王　平：你好，你叫什么名字？

Wǒ jiào Jīn Zhī'ēn.
金知恩：我叫金知恩。

단어 · 주요표현 및 문법 II

认识	rènshi	동 알다 / 인식하다
高兴	gāoxìng	형 기쁘다
也	yě	부 ~도 / 역시
很	hěn	부 매우
吗	ma	어기 의문을 나타내는 조사
中国人	Zhōngguórén	중국인
韩国人	Hánguórén	한국인

- **일반의문표현**: "문장 + 吗?"로 의문을 표현한다.

你是日本人吗？

他也是中国人吗？

你是李俊吗？

你不认识他吗？

- **부정표현** : 동사, 형용사 술어 앞에 "不~"를 써서 부정을 표현한다.

我不是中国人，是韩国人。

我不叫李俊，叫姜韩斌。

我不认识他。

你不高兴吗?

본문 2

Wǒ jiào Jiāng Hánbīn, nǐ ne?
姜韩斌：我叫姜韩斌, 你呢?

Wǒ jiào Lǐ Jùn。
李　俊：我叫李俊。

Nǐ yě shì Hánguórén ma?
姜韩斌：你也是韩国人吗？

Wǒ búshì Hánguórén, shì Zhōngguórén。
李　俊：我不是韩国人，是中国人。

Rènshi nǐ hěn gāoxìng!
姜韩斌：认识你很高兴!

Wǒ yě hěn gāoxìng。
李　俊：我也很高兴。

단어 · 주요표현 및 문법 III

朋友	péngyou	명 친구
哪国人	nǎguórén	어느 나라 사람
美国人	Měiguórén	미국인

● 인칭대명사

인칭	단 수			복 수		
1	我	【wǒ】	나, 저	我们	【wǒmen】	우리, 우리들
2	你 您	【nǐ, nín】	너, 당신	你们	【nǐmen】	너희들, 당신들
3	他	【tā】	그, 그 사람	他们	【tāmen】	그들, 그 사람들(남 + 여)
	她	【tā】	그녀	她们	【tāmen】	그녀들
	它	【tā】	그것 (사물, 동물)	它们	【tāmen】	그것들

본문 3

Tā shì nǎguórén?
姜韩斌：他是哪国人？

Tā shì Měiguórén.
李　俊：他是美国人。

Nǐ rènshí tā ma？
姜韩斌：你认识他吗？

Rènshi, tā shì wǒ péngyou.
李　俊：认识，他是我朋友。

연습하기

01 녹음을 듣고 단어를 따라 읽으면서 병음을 써보세요.

(1) 名字 ______ (2) 认识 ______

(3) 朋友 ______ (4) 高兴 ______

(5) 老师 ______ (6) 汉语 ______

02 녹음을 잘 듣고 해당 단어를 고르십시오.

(1) ① pū ② pú ③ pǔ ④ pù

(2) ① fā ② fá ③ fǎ ④ fà

(3) ① tē ② té ③ tě ④ tè

(4) ① nū ② nú ③ nǔ ④ nù

03 다음 문장을 문법에 맞게 바르게 고치십시오.

(1) 你什么名字叫？ ______

(2) 我很也高兴。 ______

(3) 我韩国人是。 ______

WORKBOOK

01 녹음을 듣고 대화의 빈칸에 알맞은 문장을 쓰세요.

(1) A : 知恩，这位是汉语老师。

B : __________ (선생님, 안녕하세요)

(2) A : 你好，__________？(이름이 뭐예요?)

B : 我叫金知恩。

(3) A : 他是哪国人？

B : __________ (그는 중국사람입니다.)

02 다음 녹음을 듣고 빈칸을 채우세요.

(1) __________ 姜韩斌。(나는 강한빈이라고 합니다.)

(2) 我不是__________，是中国人。(나는 한국사람이 아니고, 중국사람입니다.)

(3) __________，很高兴。(만나서 반갑습니다)

WORKBOOK

03 다음 단어들을 어순에 맞게 배열하십시오.

(1) 汉语老师　　是　　这位

________________。

(2) 认识　　很　　高兴　　你

________________。

(3) 我　　美国人　　不是

________________。

02

我学习很忙。

저는 공부하느라 바쁩니다.

학습목표

학과 전공 표현하기
가족 호칭
언어 표현

의문대명사 의문문
형용사 술어문

발음해 보아요

	ai	ei	ao	ou	an	en	ang	eng	ong
g	gai	gei	gao	gou	gan	gen	gang	geng	gong
k	kai	kei	kao	kou	kan	ken	kang	keng	kong
h	hai	hei	hao	hou	han	hen	hang	heng	hong

수업시간에 배운 대로 발음에 대한 설명을 적어보세요.

g :

k :

h :

gāi　　gái　　gǎi　　gài

kēn　　kén　　kěn　　kèn

hōu　　hóu　　hǒu　　hòu

새로운 낱말

年级	niánjí	명 학년
专业	zhuānyè	명 전공
学生	xuésheng	명 학생
爸爸	bàba	명 아버지
妈妈	māma	명 어머니
几	jǐ	의대 몇
怎么样	zěnmeyàng	의대 어떻습니까
忙	máng	형 바쁘다
累	lèi	형 피곤하다
谢谢	xièxie	동 감사합니다
学习	xuéxí	동 명 공부하다 / 배우다
加油	jiāyóu	동 응원하다 / 격려하다
最近	zuìjìn	부 최근
都	dōu	부 모두
有点儿	yǒudiǎnr	부 조금
的	de	조 의
一	yī	수 일
韩语系	Hányǔxì	한국어학과
好久不见	hǎojiǔbújiàn	오랜만이다

문형 확장

汉语	Hànyǔ
是汉语	shì Hànyǔ
专业是汉语	zhuānyè shì Hànyǔ
我的专业是汉语	Wǒde zhuānyè shì Hànyǔ
我的专业是汉语，你呢？	Wǒde zhuānyè shì Hànyǔ, nǐ ne
韩语	Hányǔ
韩语系	Hányǔxì
韩语系的学生	Hányǔxìde xuésheng
我是韩语系的学生	Wǒ shì Hányǔxìde xuésheng
忙	máng
很忙	hěn máng
学习很忙	xuéxí hěn máng
最近学习很忙	zuìjìn xuéxí hěn máng
我最近学习很忙	Wǒ zuìjìn xuéxí hěn máng

표현익히기

주요 표현을 함께 만들어 보아요.

1. 당신 요즘 어떠세요?

你 ______ 怎么样?

zuìjìn

2. 조금 어려워요.

______ 难。

Yǒudiǎnr

3. 당신의 전공은 무엇입니까?

你的 ______ 是 ______ ？

zhuānyè　　shénme

4. 저는 중문과의 학생입니다.

我 是 ______ 的 ______ 。

zhōngwénxì　　xuésheng

단어 · 주요표현 및 문법 I

爷爷	yéye	할아버지
奶奶	nǎinai	할머니
哥哥	gēge	형 / 오빠
姐姐	jiějie	누나 / 언니
弟弟	dìdi	남동생
妹妹	mèimei	여동생

● 전공 및 학과 관련 표현

전공

李俊的专业是韩语。

他的专业是日语。

你的专业是汉语吗？

학과

李俊是韩语系的学生。

他是日语系的学生。

你是中文系的学生吗？

본문 1

Hǎojiǔbújiàn
李　俊：好久不见!

Hǎojiǔbújiàn
吴小莹：好久不见!

Nǐ zuìjìn zěnmeyàng?
李　俊：你最近怎么样？

Wǒ hěn hǎo, nǐ zěnmeyàng?
吴小莹：我很好，你怎么样？

Wǒ hěn máng
李　俊：我很忙。

Nǐ bàba māma shēntǐ hǎo ma?
吴小莹：你爸爸妈妈身体好吗？

Tāmen dōu hěn hǎo, xièxie nǐ.
李　俊：他们都很好，谢谢你。

단어 · 주요표현 및 문법 II

韩语	Hányǔ	한국어
英语	Yīngyǔ	영어
日语	Rìyǔ	일어
法语	Fǎyǔ	불어
德语	Déyǔ	독어
俄语	Éyǔ	러시아어
意大利语	Yìdàlìyǔ	이태리어
西班牙语	Xībānyáyǔ	스페인어

- 상태나 상황을 묻는 표현:

주어(주어부) + 怎么样?

汉语专业怎么样?

韩语专业怎么样?

你身体怎么样?

你爸爸最近怎么样?

본문 2

Nǐ dà jǐ?
李　俊：你大几？

Wǒ dà yī。
姜韩斌：我大一。

Nǐde zhuānyè shì shénme?
李　俊：你的专业是什么？

Wǒde zhuānyè shì Hànyǔ, nǐne?
姜韩斌：我的专业是汉语，你呢？

Wǒ shì Hányǔxìde xuésheng.
李　俊：我是韩语系的学生。

주요표현 및 문법 III

1.정도표현 :

很 + 형용사 : 일반적인 정도 표현

有点儿 + 형용사 : 약한 정도 표현, 불만족스러운 정도 표현

我很好，你呢？

我爷爷身体很好。

妈妈今天很高兴。

他最近有点儿忙。

我爸爸有点儿累。

她有点儿不高兴。

2. 범위표현 : 都 "모두"의 의미

我爸爸妈妈身体都很好。

我们都是汉语系的学生。

你们都是中国人吗？

英语和汉语都有点儿难。

본문 3

Nǐ zuìjìn xuéxí zěnmeyàng?
李　俊：你最近学习怎么样？

Wǒ xuéxí hěn máng, yǒudiǎnr lèi.
姜韩斌：我学习很忙，有点儿累。

Hànyǔ nán ma?
李　俊：汉语难吗？

Yǒudiǎnr nán.
姜韩斌：有点儿难。

Jiāyóu!
李　俊：加油！

Xièxie!
姜韩斌：谢谢！

일상표현

1. 만났을 때

A: 你好！　B: 你好！

2. 선생님과 학생들이 만났을 때

A: 老师好！　B: 大家好！

3. 감사 표현

A: 谢谢！　B: 不客气！

4. 사과 표현

A: 对不起！　B: 没关系。

5. 헤어질 때 표현

A: 明天见！　B: 再见！

6. 오랜만에 만났을 때

A: 好久不见！　B: 好久不见！

연습하기

01 녹음을 잘 듣고 해당 단어를 고르십시오.

(1) ① jiāyǒu ② jiǎyòu ③ jiāyóu ④ jiàyǒu

(2) ① bújiàn ② bùjiān ③ bǔjiàn ④ bǔjiǎn

(3) ① zhuānyě ② zhuānyè ③ zhuǎnyē ④ zhuànyē

(4) ① hányǔ ② hānyǔ ③ hǎnyù ④ hànyǔ

02 녹음을 듣고 단어를 따라 읽으면서 병음을 써보세요.

(1) 年级 ____ (2) 学生 ____

(3) 谢谢 ____ (4) 学习 ____

(5) 最近 ____ (6) 身体 ____

03 다음 문장을 문법에 맞게 바르게 고치십시오.

(1) 他们很都好。____

(2) 我的韩语是专业。____

(3) 我学习累有点儿。____

WORKBOOK

01 다음 대화를 듣고 빈칸에 알맞은 문장을 쓰십시오.

(1) A : 你最近学习怎么样？

B : ________________ 。

(2) A : ________________ ?

B : 我是中文系的学生。

(3) A : 你爸爸妈妈身体好吗?

B : ________________ 。

02 다음 녹음을 듣고 빈칸을 채우세요.

(1) 我是 ________________ 的学生。(1학년)

(2) ________________ ，你最近怎么样？(오랜만이야)

(3) 汉语 ________________ 。(좀 어렵다)

WORKBOOK

03 다음 단어들을 어순에 맞게 배열하십시오.

(1) 难　有点儿　汉语

＿＿＿＿＿＿＿＿＿＿。

(2) 他们　都　身体　很　好

＿＿＿＿＿＿＿＿＿＿。

(3) 怎么样　你爸爸　最近

＿＿＿＿＿＿＿＿＿＿？

03

你家有几口人?

당신은 가족이 몇 명입니까?

학습목표

- 가족 소개하기
- 직업 및 신분 표현
- 나이 표현

- "有"자문

발음해 보아요

	ia	ie	iao	iou(-iu)	ian	iang	in	ing	iong
j	jia	jie	jiao	jiu	jian	jiang	jin	jing	jiong
q	qia	qie	qiao	qiu	qian	qiang	qin	qing	qiong
x	xia	xie	xiao	xiu	xian	xiang	xin	xing	xiong
y	ya	ye	yao	you	yan	yang	yin	ying	yong

수업시간에 배운 대로 발음에 대한 설명을 적어보세요.

j :

q :

x :

y :

jiā jiá jiǎ jià

qiāo qiáo qiǎo qiào

xiū xiú xiǔ xiù

yān yán yǎn yàn

새로운 낱말

家	jiā	명 집
今年	jīnnián	명 올해
弟弟	dìdi	명 남동생
工作	gōngzuò	명 동 일(직업) / 일하다
公司	gōngsī	명 회사
职员	zhíyuán	명 직원
公务员	gōngwùyuán	명 공무원
银行	yínháng	명 은행
谁	shéi / shuí	의대 누가 / 누구
对	duì	형 옳다
有 / 没有	yǒu / méiyǒu	동 있다
做	zuò	동 하다
和	hé	접 ~와 / 과
口	kǒu	양 식구수의 단위
岁	suì	양 나이의 단위 / 세
高二	gāo'èr	고등학교 2학년
兄弟姐妹	xiōngdìjiěmèi	형제자매
多大	duōdà	(나이가)얼마입니까?
独生子	dúshēngzǐ	외아들
家庭主妇	jiātíngzhǔfù	가정주부

문형 확장

兄弟 xiōngdì

兄弟姐妹 xiōngdìjiěmèi

有兄弟姐妹 yǒu xiōngdìjiěmèi

没有兄弟姐妹 méiyǒu xiōngdìjiěmèi

我没有兄弟姐妹 Wǒ méiyǒu xiōngdìjiěmèi

我没有兄弟姐妹, 是独生子 Wǒ méiyǒu xiōngdìjiěmèi, shì dúshēngzǐ

岁 suì

17岁 shíqī suì

今年17岁 jīnnián shíqī suì

我弟弟今年17岁 Wǒ dìdi jīnnián shíqī suì

工作 gōngzuò

什么工作 shénme gōngzuò

做什么工作 zuò shénme gōngzuò

你爸爸做什么工作 Nǐ bàba zuò shénme gōngzuò

公务员 gōngwùyuán

是公务员 shì gōngwùyuán

我爸爸是公务员 Wǒ bàba shì gōngwùyuán

표현익히기

주요 표현을 함께 만들어 보아요.

1. 당신은 가족이 몇 명입니까?

你家 ＿＿＿＿ 几 ＿＿＿＿ 人？

yǒu　　kǒu

2. 당신 남동생은 올해 몇 살입니까?

你弟弟　今年 ＿＿＿＿ ？

duōdà

3. 당신의 아버지는 어떤 일을 하십니까?

你爸爸 ______ 什么 ______ ?

zuò　　　gōngzuò

4. 저희 아버지는 회사원이십니다.

我爸爸 ______ 公司 ______ 。

shì　　　zhíyuán

주요표현 및 문법 I

● 소유표현 :

동사 "有"로 표현한다. 부정형은 "没有"이다.

我有哥哥，没有弟弟。

我有姐姐，没有妹妹。

我没有兄弟姐妹，是独生子。

他没有工作。

본문 1

Nǐ jiā yǒu jǐ kǒu rén?

姜韩斌：你家有几口人？

Wǒ jiā yǒu sān kǒu rén, bàba、māma hé wǒ.

李　俊：我家有三口人，爸爸、妈妈和我。

Nǐ méiyǒu xiōngdìjiěmèi a?

姜韩斌：你没有兄弟姐妹啊？

Duì, wǒ shì dúshēngzǐ.

李　俊：对，我是独生子。

주요표현 및 문법 II

연령별 나이 묻기 표현

1. 손아랫 사람에게 나이 묻는 표현

A: 你妹妹几岁?

B: 6岁。

2. 동년배나 손아랫 사람에게 나이 묻는 표현

A: 你今年多大?

B: 20岁。

3. 연장자에게 나이 묻는 표현

A: 你爸爸妈妈多大年纪?

B: 爸爸今年48岁，妈妈45岁。

본문 2

Tā shì shéi?
金知恩：他是谁？

Tā shì wǒ dìdi
姜韩斌：他是我弟弟。

Nǐ dìdi jīnnián duōdà?
金知恩：你弟弟今年多大？

Wǒ dìdi jīnnián shíqī suì, shì gāo'èr xuésheng.
姜韩斌：我弟弟今年17岁，是高二学生。

주요표현 및 문법 Ⅲ

老师	lǎoshī	선생님
教授	jiàoshòu	교수
医生	yīshēng	의사
律师	lǜshī	변호사
护士	hùshi	간호사
厨师	chúshī	쉐프, 주방장
老板	lǎobǎn	사장
商人	shāngrén	상업종사자

● 직업 및 신분 표현

我爸爸是公务员。

我妈妈工作，她是银行职员。

我不是学生，是老师。

我弟弟不是大学生，是高二学生。

본문 3

Nǐ bàba zuò shénme gōngzuò?
李　俊：你爸爸做什么工作？

Wǒ bàba shì gōngsīzhíyuán.
姜韩斌：我爸爸是公司职员。

Nǐ māma gōngzuò ma?
李　俊：你妈妈工作吗？

Bù gōngzuò, tā shì jiātíngzhǔfù.
姜韩斌：不工作，她是家庭主妇。

Nǐ bàba māma zuò shénme gōngzuò?
你爸爸妈妈做什么工作？

Wǒ bàba shì gōngwùyuán, māma shì yínháng zhíyuán.
李　俊：我爸爸是公务员，妈妈是银行职员。

연습하기

01 녹음을 잘 듣고 해당 단어를 고르십시오.

(1) ① jīnnián ② jìnnián ③ jǐnniàn ④ jīnniàn

(2) ① gòngzuò ② gōngzuǒ ③ gōngzuò ④ gòngzuó

(3) ① zhīyuán ② zhíyuán ③ zhìyuán ④ zhǐyuán

(4) ① yínhàng ② yīnháng ③ yǐnhǎng ④ yínháng

02 녹음을 듣고 단어를 따라 읽으면서 병음을 써보세요.

(1) 兄弟 (2) 姐妹

(3) 公务员 (4) 独生子

(5) 今年 (6) 家庭主妇

03 다음 문장을 문법에 맞게 바르게 고치십시오.

(1) 我家三口人有。

(2) 你弟弟多大今年？

(3) 妈妈家庭主妇不是。

WORKBOOK

01 다음 대화를 듣고 빈칸에 알맞은 문장을 쓰십시오.

(1) A : 你家有几口人？

B : ______

(2) A : ______？

B : 我朋友今年20岁。

(3) A : 你爸爸妈妈做什么工作?

B : ______。

02 다음 녹음을 듣고 빈칸을 채우세요.

(1) 我有 ______ ， 没有弟弟。(오빠)

(2) 你的爸爸妈妈 ______？ (연세가 어떻게 되니)

(3) 我弟弟 ______ 。(고2 학생이다)

WORKBOOK

03 다음 단어들을 어순에 맞게 배열하십시오.

(1) 我家　四口人　有

______________________。

(2) 我朋友　22岁　今年

______________________。

(3) 妈妈　银行职员　是

______________________。

04

今天几月几号?

오늘은 몇 월 며칠 입니까?

학습목표

숫자 읽기
날짜 요일 표현하기

소속관계 "的"
정도표현 "太~了"

발음해 보아요

	-i	ai	ei	ao	an	en	ang	eng	ong
z	zi	zai	zei	zao	zan	zen	zang	zeng	zong
c	ci	cai		cao	can	cen	cang	ceng	cong
s	si	sai		sao	san	sen	sang	seng	song

수업시간에 배운 대로 발음에 대한 설명을 적어보세요.

z :

c :

s :

zuō　zuó　zuǒ　zuò

cāng　cáng　cǎng　càng

sāi　sái　sǎi　sài

새로운 낱말

今天	jīntiān	명 오늘
明天	míngtiān	명 내일
后天	hòutiān	명 모레
星期	xīngqī	명 주 / ~요일
周末	zhōumò	명 주말
生日	shēngrì	명 생일
见	jiàn	동 보다 / 만나다
再	zài	부 다시
月	yuè	양 ~월
号	hào	양 ~일
那	nà	접 그럼
吧	ba	어기 의문문) 추측표현
下……	xià	다음 ~
太……了	tài~le	너무 ~하다

문형 확장

4月 sì yuè

4月1号 sì yuè yī hào

是4月1号 shì sì yuè yī hào

后天是4月1号 Hòutiān shì sì yuè yī hào

几月 jǐ yuè

几月几号 jǐ yuè jǐ hào

是几月几号 shì jǐ yuè jǐ hào

生日是几月几号 shēngrì shì jǐ yuè jǐ hào

你的生日是几月几号 Nǐde shēngrì shì jǐ yuè jǐ hào

生日 shēngrì

我的生日 wǒde shēngrì

是我的生日 shì wǒde shēngrì

星期一是我的生日 xīngqīyī shì wǒde shēngrì

下星期一是我的生日 Xiàxīngqīyī shì wǒde shēngrì

표현익히기

주요 표현을 함께 만들어 보아요.

1. 오늘은 몇 월 며칠 입니까?

今天 ______ 月 ______ 号？

jǐ　　　jǐ

2. 오늘은 무슨 요일 입니까?

今天 ______________ ？

xīngqījǐ

3. 너무 좋아요.

＿＿＿ 好 ＿＿＿ 。

Tài　　le

4. 당신의 생일은 몇 월 며칠 입니까?

你的 ＿＿＿ 是 ＿＿＿ ?

shēngrì　　jǐ yuè jǐ hào

단어 · 주요표현 및 문법 I

大前天	dàqiántiān	그그저께
前天	qiántiān	그저께
昨天	zuótiān	어제
今天	jīntiān	오늘
明天	míngtiān	내일
后天	hòutiān	모레
大后天	dàhòutiān	글피

● **숫자읽기 :** 아래 숫자의 발음을 찾아 쓰고 읽어보세요.

0(零)	1(一)	2(二)
3(三)	4(四)	5(五)
6(六)	7(七)	8(八)
9(九)	10(十)	25(二十五)
66(六十六)	85(八十五)	100(一百)
109(一百零九)	200(二百/两百)	582(五百八十二)
1000(一千)	2000(二千/两千)	
3608(三千六百零八)	5058(五千零五十八)	

我家有四口人。

我有一个中国朋友。

我爸爸今年五十岁，爷爷七十六岁。

我的生日是12月28号。

본문 1

Jīntiān jǐ yuè jǐ hào?

姜韩斌：今天几月几号？

Sān yuè sānshí hào.

金知恩：3月30号。

Nà hòutiān shì sì yuè yī hào ba?

姜韩斌：那后天是4月1号吧?

Duì! Hòutiān sì yuè yī hào.

金知恩：对！后天4月1号。

단어 · 주요표현 및 문법 II

星期一	xīngqīyī	월요일
星期二	xīngqī'èr	화요일
星期三	xīngqīsān	수요일
星期四	xīngqīsì	목요일
星期五	xīngqīwǔ	금요일
星期六	xīngqīliù	토요일
星期天	xīngqītiān	일요일

- 정도표현:

太 + 형용사 + 了

"太~ 了"는 형용사의 정도가 비교적 높음을 표현한다.

太好了！

今天太高兴了。

爸爸最近太忙了。

法语太难了。

본문 2

Jīntiān xīngqījǐ?
姜韩斌：今天星期几？

Jīntiān xīngqīwǔ, míngtiān hòutiān shì zhōumò.
金知恩：今天星期五，明天后天是周末。

Tài hǎo le!
姜韩斌：太好了！

Nà xiàxīngqī jiàn。
金知恩：那下星期见。

Zàijiàn!
姜韩斌：再见！

단어 · 주요표현 및 문법 III

1. 다양한 날짜 표현

上(지난) ~
这(이번)~
下(다음)~

上星期: 지난 주	上个月: 지난 달	上次: 지난 번
这星期: 이번 주	这个月: 이번 달	这次: 이 번
下星期: 다음 주	下个月: 다음 달	下次: 다음 번

下星期一是我的生日。　　这星期我太累了。

下星期一见！　　对不起，上次是我不好。

2. 소속관계 "的"

'的'는 "~의" 의미를 나타내며, 소유관계나 소속관계 등을 나타낸다.

我的生日　　我的书　　我的中国朋友

你的专业　　我们学校的图书馆

그러나 가족관계, 인간관계, 소속관계인 경우의 "的"는 생략이 가능하다

我爸爸妈妈　　我朋友　　你弟弟

你家　　他女朋友　　她男朋友

주의 我们学校(我学校×、我的学校×), 我们韩国, 你们国家(你的国家×)

본문 3

Xiàxīngqīyī shì wǒde shēngrì!

金知恩：下星期一是我的生日！

Shìma? Nǐde shēngrì shì jǐ yuè jǐ hào?

姜韩斌：是吗？你的生日是几月几号？

Sì yuè qī hào. Nǐ ne?

金知恩：4月7号。你呢？

Wǒde shēngrì shì bā yuè èrshíwǔ hào.

姜韩斌：我的生日是8月25号。

연습하기

01 녹음을 잘 듣고 해당 단어를 고르십시오.

(1) ① hóutiān ② hòutiān ③ hǒutián ④ hóutiǎn

(2) ① zhòumó ② zhóumó ③ zhōumò ④ zhǒumō

(3) ① shēngrǐ ② shéngrí ③ shěngrì ④ shēngrì

(4) ① xīngqī ② xíngqí ③ xìngqì ④ xǐngqǐ

02 녹음을 듣고 단어를 따라 읽으면서 병음을 써보세요.

(1) 前天 ______ (2) 七十六 ______

(3) 周末 ______ (4) 十月 ______

(5) 几号 ______ (6) 上次 ______

03 다음 숫자를 읽고 중국어로 쓰십시오.

(1) 102 ______ (2) 98 ______

(3) 2013 ______ (4) 12 ______

(5) 200 ______ (6) 1000 ______

WORKBOOK

01 다음 대화를 듣고 빈칸에 알맞은 문장을 쓰십시오.

(1) A : 你的生日是几月几号？

B : ______________________

(2) A : ______________________？(다음 주 금요일 식사 같이 할래?)

B : 好啊，在哪儿吃？

(3) A : 学汉语难吗？

B : ______________________。(한자가 너무 어렵다)

汉字 Hànzì 한자

02 다음 녹음을 듣고 빈칸을 채우세요.

(1) ____________ 我朋友回国了。(지난달)

(2) 今天 ____________？(몇 월 며칠이니)

(3) 我爸爸最近 ____________。(너무 바쁘셔)

WORKBOOK

03 다음 질문에 맞는 대답을 고르십시오.

A 二月二号	B 70岁	C 五口人	D 星期二

(1) 今天星期几？ (　　)

(2) 你的生日是几月几号？ (　　)

(3) 你爷爷今年多大年纪？ (　　)

(4) 你家有几口人？ (　　)

05

明天你有时间吗?

내일 시간 있습니까?

학습목표

동작 연속 표현
사물의 단위표현: 양사

정반의문문
연동문

발음해 보아요

	−i	ua	uo	uai	uei (−ui)	uan	uen (−un)	uang	ueng
zh	zhi	zhua	zhuo	zhuai	zhui	zhuan	zhun	zhuang	
ch	chi	chua	chuo	chuai	chui	chuan	chun	chuang	
sh	shi	shua	shuo	shuai	shui	shuan	shun	shuang	
r	ri		ruo		rui	ruan	ren		
w		wa	wo	wai	wei	wan	wen	wang	weng

수업시간에 배운 대로 발음에 대한 설명을 적어보세요.

zh :

ch :

sh :

r :

zhī　　zhí　　zhǐ　　zhì

chuāi　　chuái　　chuǎi　　chuài

shuī　　shuí　　shuǐ　　shuì

rēn　　rén　　rěn　　rèn

새로운 낱말

上午	shàngwǔ	명 오전
下午	xiàwǔ	명 오후
书	shū	명 책
图书馆	túshūguǎn	명 도서관
时间	shíjiān	명 시간
事儿	shìr	명 일
书店	shūdiàn	명 서점
东宝书店	Dōngbǎoshūdiàn	고유 동보서점
词典	cídiǎn	명 사전
这儿	zhèr	명 여기 / 이곳
不错	búcuò	형용 옳다 / 좋다
干	gàn	동 하다
去	qù	동 가다
看	kàn	동 보다
买	mǎi	동 사다
一起	yìqǐ	부 함께
跟	gēn	접 ~와
个	ge	양 개
本	běn	양 권
吧	ba	어기 권유, 명령, 청유의미를 나타내는 조사
请问	qǐngwèn	실례합니다. 말씀 좀 여쭙겠습니다.

문형 확장

图书馆	túshūguǎn
去图书馆	qù túshūguǎn
去图书馆看书	qù túshūguǎn kàn shū
我去图书馆看书	wǒ qù túshūguǎn kàn shū
我也去图书馆看书	Wǒ yě qù túshūguǎn kàn shū

时间	shíjiān
有时间	yǒu shíjiān
你有时间	nǐ yǒu shíjiān
明天你有时间	míngtiān nǐ yǒu shíjiān
明天你有时间吗	Míngtiān nǐ yǒu shíjiān ma

书店	shūdiàn
去书店	qù shūdiàn
去书店买书	qù shūdiàn mǎishū
一起去书店买书	yìqǐ qù shūdiàn mǎi shū
你跟我一起去书店买书	Nǐ gēn wǒ yìqǐ qù shūdiàn mǎi shū

词典	cídiǎn
汉韩词典	hànhán cídiǎn
这本汉韩词典	zhè běn hànháncídiǎn
这本汉韩词典不错	Zhè běn hànháncídiǎn búcuò

표현익히기

주요 표현을 함께 만들어 보아요.

1. 저도 도서관에 가서 책을 봅니다.

我 ____ 去 ____ 看 ____ 。

yě　túshūguǎn　shū

2. 그럼, 우리 함께 갑시다.

____ 我们 ____ 去 ____ 。

Nà　yìqǐ　ba

3. 당신 나와 함께 가실래요?

你 ＿＿＿ 我 ＿＿＿ 去吗？

gēn　　yìqǐ

4. 실례합니다, 중한 사전 가지고 계세요?

＿＿＿，＿＿＿ 汉韩词典?

Qǐngwèn　　yǒu méiyǒu

주요표현 및 문법 I

1. 동작 연속표현 (연동문)

동작이 연이어 발생함을 표현하며, 동사나 동사구가 연이어 배열된다.

주어 + 동사1 + (목적어1) + 동사2 + 목적어2

我下午去图书馆看书。

我坐校车去学校。

我们去中国学汉语吧。

我哥哥去美国工作。

2. 긍정부정의문문(정반의문문)

동사의 긍정형과 부정형을 배열하여 의문을 표현한다. 예로 "去不去", "有没有" 등이며, "吗"와 함께 쓰일 수 없다. "吗"의문문과 동일한 의미를 표현한다. 긍정 혹은 부정의 답을 요구할 때 사용한다

请问，有没有汉韩词典？

汉语难不难？

你今天累不累？

你去不去图书馆？

주의 (你去不去图书馆吗？×)

본문 1

Xiàwǔ nǐ gàn shénme?
姜韩斌：下午你干什么？

Wǒ qù túshūguǎn, nǐ qù bu qù?
金知恩：我去图书馆，你去不去？

Wǒ yě qù túshūguǎn kàn shū.
姜韩斌：我也去图书馆看书。

Nà wǒmen yìqǐ qù ba.
金知恩：那我们一起去吧。

Hǎo!
姜韩斌：好！

주요표현 및 문법 II

“함께”: 부사 ‘一起’

‘一起’는 동사술어 앞에서 “함께”라는 의미를 나타낸다.

‘跟 + 대상 + 一起 + 동사술어’ 의 구조로 ‘대상과 함께 어떤 동작을 하다’라는 의미로 자주 사용된다.

我们一起去图书馆吧。

你跟我一起去书店买词典吧。

我跟爸爸一起去美国。

我跟妈妈一起去医院。

본문 2

Míngtiān nǐ yǒu shíjiān ma?
金知恩：明天你有时间吗?

Yǒu shíjiān, yǒu shénme shìr ma?
姜韩斌：有时间，有什么事儿吗？

Wǒ qù shūdiàn mǎi shū, nǐ gēn wǒ yìqǐ qù ma?
金知恩：我去书店买书，你跟我一起去吗？

Hǎo, wǒmen qù nǎ ge shūdiàn ne?
姜韩斌：好，我们去哪个书店呢？

Qù Dōngbǎoshūdiàn ba.
金知恩：去东宝书店吧。

주요표현 및 문법 III

1. 사물의 단위표현: 양사

사람이나 사물을 헤아릴 때 사용하는 단위를 양사라고 한다.

수사 + 양사 + 명사

	个	位	本	首	杯	点、分、秒、小时、分钟
	사람, 사물	사람(높임)	서적류	노래	잔	시간
数量词组	一个朋友 两个东西	两位老师	一本书 三本词典	四首歌 五首诗	六杯咖啡 七杯果汁	8点25分40秒 一小时五分钟三十八秒

我有一个中国朋友。

这位是我们的汉语老师。

我们买两本汉韩词典。

我妈妈的生日是11月22号。

2. “어느”: 사람, 사물의 지칭 의문 표현

의문대명사(哪) + 양사 + 명사

의문대명사“哪”를 양사와 함께 사용하여 “어느”사물이나 사람을 지칭하는지 의문을 표현한다.

A: 你是哪国人？ B: 我是韩国人。

A: 你是哪个系的学生？ B: 我是中文系的学生。

A: 哪本是你的书？ B: 这本书是我的。

A: 我们去哪个书店？ B: 去东宝书店吧。

본문 3

Qǐngwèn, yǒu méiyǒu hànhán cídiǎn?
金知恩：请问，有没有汉韩词典？

Yǒu, zài zhèr
职　员：有，在这儿。

Zhè běn hànhán cídiǎn búcuò.
金知恩：这本汉韩词典不错。

Nà wǒ yě mǎi yì běn.
姜韩斌：那我也买一本。

연습하기

01 녹음을 잘 듣고 해당 단어를 고르십시오.

(1) ① shàngwǔ ② shāngwú ③ shǎngwù ④ shǎngwú

(2) ① shìjiàn ② shíjiàn ③ shíjiān ④ shījiān

(3) ① shùdiǎn ② shǔdiàn ③ shùdiān ④ shūdiàn

(4) ① cídiàn ② cídiǎn ③ cìdiǎn ④ cídiàn

02 녹음을 듣고 단어를 따라 읽으면서 병음을 써보세요.

(1) 图书馆 ______ (2) 时间 ______

(3) 不错 ______ (4) 请问 ______

(5) 看书 ______ (6) 有事儿 ______

03 다음 빈칸에 맞는 양사를 고르십시오.

本 首 杯 位 只 件

(1) 两 ______ 咖啡 (2) 一 ______ 小狗 (3) 三 ______ 衣服

(4) 这 ______ 歌 (5) 那 ______ 客人 (6) 一 ______ 水

WORKBOOK

01 다음 대화를 듣고 빈칸에 들어갈 단어를 쓰십시오.

(1) A : 你明天干什么？

B : 我明天 ______ 看书。(도서관에 가다)

(2) A : 汉语 ______ ？(중국어 어렵니 어렵지 않니?)

B : 有点儿难，但很有意思。

(3) A : 晚上我去看电影。你去不去？

B : 好啊，我 ______ 去。(너랑 같이 갈게)

02 다음 그림을 보고 시간을 중국어로 표현하십시오.

(1) ______ (2) ______ (3) ______

WORKBOOK

03 다음 질문에 맞는 대답을 고르십시오.

不买	没有	一起去吧	有点累

(1) A : 你明天有没有时间？

B :

(2) A : 你买不买汉韩词典？

B :

(3) A : 下午我去图书馆，你去不去？

B :

(4) A : 你今天累不累？

B :

06

复习 복습

학습목표

- 1~5과의 표현을 복습하기
- 1~5과의 문법을 복습하기

필 수 어 휘

제시된 어휘의 의미를 적고, 읽으시면서 익혀보세요.

● 국가 / 국적 / 국가별 언어

哪个国家？Nǎgeguójiā	哪国人？ Nǎguórén	什么语言？ Shénmeyǔyán
韩国 Hánguó	韩国人 Hánguórén	韩语 Hányǔ
中国 Zhōngguó	中国人 Zhōngguorén	汉语 Hànyǔ
日本 Rìběn	日本人 Rìběnrén	日语 Rìyǔ
美国 Měiguó	美国人 Měiguórén	英语 Yīngyǔ
英国 Yīngguó	英国人 Yīngguórén	英语 Yīngyǔ
法国 Fǎguó	法国人 Fǎguórén	法语 Fǎyǔ

● 시간명사

大前天	前天	昨天	今天	明天	后天	大后天
dàqiántiān	qiántiān	zuótiān	jīntiān	míngtiān	hòutiān	dàhòutiān

上~ / 这~ / 下~

上星期 shàngxīngqī	这星期 zhèxīngqī	下星期 xiàxīngqī
上周末 shàngzhōumò	这个周末 zhègezhōumò	下周末 xiàzhōumò
上个月 shànggeyuè	这个月 zhègeyuè	下个月 xiàgeyuè
上次 shàngcì	这次 zhècì	下次 xiàcì
上午 shàngwǔ		下午 xiàwǔ

几月几号? jǐ yuè jǐ hào

1月1号 2月14号 3月1号 4月10号 5月5号 6月6号
7月20号 8月15号 9月30号 10月3号 11月11号 12月25号

● 신분 및 직업

老师 lǎoshī 学生 xuésheng 公司职员 gōngsīzhíyuán
银行职员 yínhángzhíyuán 家庭主妇 jiātíngzhǔfù
教授 jiàoshòu 医生 yīshēng 护士 hùshi 律师 lǜshī
厨师 chúshī 老板 lǎobǎn 商人 shāngrén

필 수 표 현

1. 일상표현

① A: 你好！ Nǐhǎo!

B: 你好！ Nǐhǎo!

② A: 老师好！ Lǎoshī hǎo!

B: 大家好！ Dàjiā hǎo!

③ A: 谢谢！ Xièxie!

B: 不客气！ Bú kèqi!

④ A: 对不起！ Duìbùqǐ!

B: 没关系。Méiguānxi.

⑤ A: 明天见！ Míngtiān jiàn!

B: 再见！ Zài jiàn!

⑥ A: 好久不见！ Hǎojiǔ bújiàn!

B: 好久不见！ Hǎojiǔ bújiàn!

2. 신상정보 표현(성명, 국적, 전공, 학년, 연령, 가정, 직업)

① A: 你叫什么名字？
Nǐ jiào shénme míngzi?

B: 我叫金知恩。
Wǒ jiào Jīn Zhī'ēn.

② A: 你是哪国人？
Nǐ shì nǎguó rén?

B: 我是韩国人。
Wǒ shì hánguó rén.

③ A: 你的专业是什么？
Nǐde zhuānyè shì shénme?

B: 我的专业是汉语。
Wǒde zhuānyè shì Hànyǔ.

④ A: 你大几？
Nǐ dà jǐ?

B: 我大一。我是韩语系的学生。
Wǒ dà yī. Wǒ shì Hányǔxìde xuésheng

⑤ A: 你家有几口人？
Nǐ jiā yǒu jǐ kǒurén?

B: 我家有三口人，爸爸、妈妈和我。
Wǒ jiā yǒu sānkǒu rén, bàba、māma hé wǒ.

⑥ A: 你弟弟今年多大？
Nǐ dìdi jīnnián duōdà?

B: 我弟弟今年17岁。
Wǒ dìdi jīnnián shíqī suì.

⑦ A: 你爸爸做什么工作？
Nǐ bàba zuò shénme gōngzuò?

B: 我爸爸是公司职员。
Wǒ bàba shì gōngsī zhíyuán.

A: 你妈妈工作吗？
Nǐ māma gōngzuò ma?

B: 我妈妈不工作，她是家庭主妇。
Wǒ māma bù gōngzuò, tā shì jiātíngzhǔfù.

의문표현

1. 일반의문문

① A: 你是中国人吗？
Nǐ shì Zhōngguórén ma?

B: 我不是中国人，我是韩国人。
Wǒ búshì Zhōngguórén, wǒ shì Hánguórén。

② A: 你爸爸妈妈身体好吗？
Nǐ bàba māma shēntǐ hǎo ma?

B: 他们都很好，谢谢。
Tāmen dōu hěn hǎo, xièxie.

2. 긍정부정 의문문

① A: 请问，有没有汉韩词典？
Qǐngwèn, yǒu méi yǒu hànháncíidiǎn?

B: 有，在这儿。
Yǒu, zài zhèr.

② A: 我去图书馆，你去不去？
Wǒ qù túshūguǎn, nǐ qù bu qù?

B: 我也去图书馆看书，一起去吧。
Wǒ yě qù túshūguǎn kàn shū, yìqǐ qù ba.

3. 의문대명사 의문문(几、谁、怎么样、哪、什么)

① A: 今天几月几号？
Jīntiān jǐ yuè jǐ hào?

B: 今天3月30号。
Jīntiān sān yuè sānshí hào?

② A: 今天星期几？
Jīntiān xīngqījǐ?

B: 今天星期五，明天后天是周末。
Jīntiān xīngqīwǔ. Míngtiān hòutiān shì zhōumò.

③ A: 你最近学习怎么样？
Nǐ zuìjìn xuéxí zěnmeyàng?

B: 我学习很忙，有点儿累。
Wǒ xuéxí hěn máng, yǒudiǎnr lèi.

④ A: 他是哪国人？
Tā shì nǎguórén?

B: 他是美国人。
Tā shì měiguórén.

⑤ A: 我们去哪个书店？
Wǒmen qù nǎ ge shūdiàn?

B: 去东宝书店吧。
Qù Dōngbǎoshūdiàn ba.

⑥ A: 你下午干什么？
Nǐ xiàwǔ gàn shénme?

B: 我去图书馆。
Wǒ qù túshūguǎn.

정도표현

정도부사(很、有点儿、太……了) + 형용사

① 认识你很高兴！
Rènshi nǐ hěn gāoxìng!

② 我最近学习很忙，有点儿累。
Wǒ zuìjìn xuéxí hěn máng, yǒudiǎnr lèi.

③ 学汉语有点儿难。
Xué Hànyǔ yǒudiǎnr nán.

④ 明天是周末，太好了！
Míngtiān shì zhōumò, tài hǎo le!

연속표현

연동문 : 去哪里干什么?

① 我也去图书馆看书。
Wǒ yě qù túshūguǎn kàn shū.

② 我们一起去东宝书店买词典吧。
Wǒmen yìqǐ qù Dōngbǎoshūdiàn mǎi cídiǎn ba.

③ 我爸爸下个月去美国工作。
Wǒ bàba xià ge yuè qù Měiguó gōngzuò.

07

你家在哪儿?

당신 집은 어디입니까?

학습목표

방식을 묻는 표현
거리 표현
공간의 기점과 종점 표현

"在" 자문
"去"와 "回"의 비교
부분부정 "不太"

발음해 보아요

	ü	üe	üan	ün
j	ju	jue	juan	jun
q	qu	que	quan	qun
x	xu	xue	xuan	xun
y	yu	yue	yuan	yun

수업시간에 배운대로 발음에 대한 설명을 적어보세요.

ü :

üe :

üan :

ün :

qù yuè xué jùn

yuǎn yuán yuàn qún

새로운 낱말

学校	xuéxiào	명 학교
教室	jiàoshì	명 교실 / 강의실
宿舍	sùshè	명 기숙사
校车	xiàochē	명 셔틀버스
昌原	Chāngyuán	고유 창원시
哪儿	nǎr	의대 어디 / 어느 곳
怎么	zěnme	의대 어떻게 / 왜
远	yuǎn	형 멀다
来	lái	동 오다
回	huí	동 돌아(가다) / 돌아(오다)
在	zài	동 있다
坐	zuò	동 앉다 / 타다
住	zhù	동 거주하다 / 머무르다
到	dào	동 도착하다
不太	bútài	부 그다지 ~ 하지 않다
就	jiù	부 바로
离	lí	전 ~까지
从~~到~~	cóng~ dào~	전 ~에서 ~까지
分钟	fēnzhōng	양 분

문형 확장

昌原	Chāngyuán
在昌原	zài Chāngyuán
我家在昌原	Wǒ jiā zài Chāngyuán
远	yuǎn
离学校远	lí xuéxiào yuǎn
你家离学校远	nǐ jiā lí xuéxiào yuǎn
你家离学校远吗	Nǐ jiā lí xuéxiào yuǎn ma
远	yuǎn
不太远	bútài yuǎn
到教室不太远	dào jiàoshì bútài yuǎn
从宿舍到教室不太远	Cóng sùshè dào jiàoshì bútài yuǎn
学校	xuéxiào
来学校	lái xuéxiào
坐校车来学校	zuò xiàochē lái xuéxiào
我坐校车来学校	Wǒ zuò xiàochē lái xuéxiào

표현익히기

주요 표현을 함께 만들어 보아요.

1. 당신 집은 어디입니까?

你家 ______ 哪儿?

zài

2. 당신 집은 학교에서 멉니까?

你家 ______ 学校 ______ 吗 ?

lí　　　yuǎn

3. 당신은 어떻게 학교에 오십니까?

你 ______ 来 ______ ?

zěnme　　xuéxiào

4. 기숙사에서 학교까지 멉니까?

______ 宿舍 ______ 教室 ______ 吗?

Cóng　　dào　　yuǎn

주요표현 및 문법 I

● "가다" 표현 : '去' & '回' 비교

'去', '回'는 뒤에 장소와 함께 쓰여 '어느 장소로 가다'를 표현한다. 그러나 '去', '回'의 의미는 다소 차이가 있다. '回'는 뒤의 장소가 단지 거주하거나 머무르는 장소로 제한되며, 그 장소로 '돌아가다(回去)'나 '돌아오다(回来)'의 의미로 쓰인다. '去' 는 뒤에 오는 목적지를 향해 '가다'의 의미로 쓰인다.

A: 你去哪儿？

B: 我回家。

A: 你去教室吗？

B: 不，我回宿舍。

A: 你周末去哪儿？

B: 我周末回老家。

A: 姜韩斌什么时候去中国？

B: 他七月回中国。

본문 1

Nǐ qù nǎr?
金知恩：你去哪儿？

Wǒ huí jiā.
姜韩斌：我回家。

Nǐ jiā zài nǎr?
金知恩：你家在哪儿？

Wǒ jiā zài Chāngyuán
姜韩斌：我家在昌原。

단어 · 주요표현 및 문법 Ⅱ

运动场	yùndòngchǎng	운동장
图书馆	túshūguǎn	도서관
书店	shūdiàn	서점
电影院	diànyǐngyuàn	영화관
银行	yínháng	은행
邮局	yóujú	우체국
医院	yīyuàn	병원
食堂	shítáng	식당

1. 방식을 묻는 표현: 동작의 방식을 표현한다.

怎么 + 동사(구)

你怎么来学校?
你怎么回家?
你怎么来我家?
你怎么回中国?

2. 거리표현 : 전치사 "离"

장소1 + 离 + 장소 2 + 近 ／远

: 장소1은 장소2에서 멀거나 가까움을 표현한다.

中国离韩国不远。
我家离学校有点儿远。
美国离韩国很远。
宿舍离学校不太远。

본문 2

Nǐ jiā lí xuéxiào yuǎn ma?
金知恩：你家离学校远吗？

Hěn yuǎn.
姜韩斌：很远。

Nǐ zěnme lái xuéxiào?
金知恩：你怎么来学校？

Wǒ zuò xiàochē lái xuéxiào.
姜韩斌：我坐校车来学校。

주요표현 및 문법 III

1. 부분부정

不太 + 형용사/ 심리동사

: "그다지 ~하지 않는다"의 의미로 표현된다. 정도가 그다지 높지 않음을 나타낸다.

日语不太难。

她昨天不太高兴。

我家离学校不太远。

我妈妈是家庭主妇, 不太忙。

2. 공간(시간)의 기점과 종점 표현:

공간표현: 주어 + 从장소1(기점) 到장소2(종점) + 동사

시간표현: 주어 + 从시간1(기점) 到시간2(종점) + 동사

从这儿到你们学校怎么走?

从北京到上海坐飞机要多长时间?

他从上午10点到下午4点都有课。

我从星期一到星期五都去图书馆。

본문 3

Nǐ zhù nǎr?
姜韩斌：你住哪儿？

Wǒ zhù sùshè.
金知恩：我住宿舍。

Cóng sùshè dào jiàoshì yuǎn ma?
姜韩斌：从宿舍到教室远吗？

Bútài yuǎn, shí fēnzhōng jiù dào.
金知恩：不太远，10分钟就到。

연습하기

01 녹음을 잘 듣고 해당 단어를 고르십시오.

(1) ① xuéxiào ② xuěxiǎo ③ xuēxiào ④ xuéxiāo

(2) ① sūshè ② sùshè ③ súshé ④ sùshěu

(3) ① xiǎochē ② xiàochè ③ xiāochě ④ xiàochē

(4) ① chángyuán ② chàngyuán ③ chāngyuán ④ chǎngyuán

02 녹음을 듣고 단어를 따라 읽으면서 병음을 써보세요.

(1) 教室 ______ (2) 回家 ______

(3) 怎么 ______ (4) 十分钟 ______

(5) 离 ______ (6) 从 ______

03 다음 문장을 문법에 맞게 고치십시오.

(1) 我在家昌原。 ______

(2) 你家学校离远吗？ ______

(3) 我校车坐学校来。 ______

(4) 宿舍从教室到远吗？ ______

WORKBOOK

01 다음 대화를 듣고 빈칸에 들어갈 단어를 쓰십시오.

(1) A : 从邮局到医院远吗？

B : ______，十分钟就到。(그다지 멀지 않다)

(2) A : 他 ______ 回国? (언제)

B : 十二月二十五号。

(3) A : 你怎么回家？

B : ______ 回去。(택시 타다)

出租车 chūzūchē 택시

02 다음 표에서 정확한 표현을 골라 빈칸을 채우십시오.

从……到，　离，　怎么，　不太

(1) 昌原 ______ 釜山很近。

(2) 你 ______ 回老家。

(3) 我朋友今天 ______ 高兴。

(4) ______ 首尔 ______ 釜山远吗？

WORKBOOK

03 다음 질문에 맞는 대답을 고르십시오.

我回宿舍	有点儿远	不太难	坐飞机

(1) A : 你怎么回韩国？

B : ______ 回去。

(2) A : 你去哪儿？

B : ______ 。

(3) A : 英语难不难？

B : ______ 。

08

我们一起看电影，怎么样?

우리 함께 영화보러 가는 게 어때요?

학습목표

방식을 묻은 표현
거리 표현
공간의 기점과 종점 표현

“在” 자문
“去”와 “回”의 비교
부분부정 “不太”

발음해 보아요

	–i	ou	ong	u	uo	ui(uei)	uan	un(uen)
z	zi	zou	zong	zu	zuo	zui	zuan	zun
zh	zhi	zhou	zhong	zhu	zhuo	zhui	zhuan	zhun
c	ci	cou	cong	cu	cuo	cui	cuan	cun
ch	chi	chou	chong	chu	chuo	chui	chuan	chun
s	si	sou	song	su	suo	sui	suan	sun
sh	shi	shou		shu	shuo	shui	shuan	shun

수업시간에 배운 대로 발음에 대한 설명을 적어보세요

i :

ou :

ong:

u :

uo :

uei :

uan:

uen :

zī zhí cǐ chì sī shí

zū zhú cǔ chù sū shú

zōu zhóu cǒu chòu sōu shóu

zōng zhóng cǒng chòng zuō zhuó

cuǒ chuò suō shuó zuī zhuí

cuǐ chuì suī shuí zuān zhuán

cuǎn chuàn suān shuán zūn zhún

cǔn chùn sūn shún

새로운 낱말

周五	zhōuwǔ	명 금요일
电影	diànyǐng	명 영화
电话	diànhuà	명 전화
晚上	wǎnshang	명 저녁, 밤
门口	ménkǒu	명 입구
有意思 / 没意思	yǒuyìsi / méiyìsi	형 재미있다 / 재미없다
漂亮	piàoliang	형 예쁘다 / 아름답다
新	xīn	형 새롭다
打	dǎ	동 (전화를) 걸다 / 때리다
见	jiàn	동 보다
非常	fēicháng	부 아주, 대단히
真	zhēn	부 정말
给	gěi	전 ~에게
在	zài	전 ~에서
什么时候	shénmeshíhou	의대 언제
半	bàn	수 반
点	diǎn	양 시
分	fēn	양 분
啊	a	감 감탄의 어기
女主人公	nǚzhǔréngōng	여자주인공
乐天电影院	Lètiāndiànyǐngyuàn	고유 롯데시네마
《不能说的秘密》(台湾电影)	bùnéngshuōdemìmi	고유 말할 수 없는 비밀

문형 확장

电影 diànyǐng

看电影 kàn diànyǐng

一起看电影 yìqǐ kàn diànyǐng

我们一起看电影 wǒmen yìqǐ kàn diànyǐng

下周五我们一起看电影 xiàzhōuwǔ wǒmen yìqǐ kàn diànyǐng

下周五我们一起看电影，怎么样 Xiàzhōuwǔ wǒmen yìqǐ kàn diànyǐng, zěnmeyàng

电话 diànhuà

打电话 dǎ diànhuà

给我打电话 gěi wǒ dǎ diànhuà

你给我打电话 nǐ gěi wǒ dǎ diànhuà

你下周五给我打电话 nǐ xiàzhōuwǔ gěi wǒ dǎ diànhuà

那你下周五给我打电话 Nà nǐ xiàzhōuwǔ gěi wǒ dǎ diànhuà

电影院门口 diànyǐngyuàn ménkǒu

在电影院门口 zài diànyǐngyuàn ménkǒu

7点半在电影院门口 qī diǎn bàn zài diànyǐngyuàn ménkǒu

7点半在电影院门口见 qī diǎn bàn zài diànyǐngyuàn ménkǒu jiàn

我们7点半在电影院门口见 wǒmen qī diǎn bàn zài diànyǐngyuàn ménkǒu jiàn

我们7点半在电影院门口见，好吗 Wǒmen qī diǎn bàn zài diànyǐngyuàn ménkǒu jiàn, hǎoma

漂亮 piàoliang

真漂亮 zhēn piàoliang

女主人公真漂亮 nǚzhǔréngōng zhēn piàoliang

女主人公真漂亮啊 Nǚzhǔréngōng zhēn piàoliang a!

표현익히기

주요 표현을 함께 만들어 보아요.

1. 다음주 금요일 우리 함께 영화보는 게 어때요?

[ ] 我们 [ ] 看 [ ] ， [ ] ？

Xiàzhōuwǔ yìqǐ diànyǐng zěnmeyàng

2. 그럼, 다음주 금요일에 제게 전화주세요.

那你下周五 [ ] 我 [ ] 电话。

gěi dǎ

3. 우리 언제 어디에서 만날까요?

我们 ______ 在 ______ 见?

shénme shíhou　　nǎr

4. 7시 반에 영화관 입구에서 만나요, 어때요?

7点半 ______ 电影院门口见, ______ ?

zài　　hǎo ma?

단어 · 주요표현 및 문법 I

周一	zhōuyī	월요일
周二	zhōu'èr	화요일
周三	zhōusān	수요일
周四	zhōusì	목요일
周五	zhōuwǔ	금요일
周六	zhōuliù	토요일
周日	zhōurì	일요일
周末	zhōumò	주말

1. "~에게 ~해 주다"의 표현 : 전치사 "给"

주어 + 给 대상 + 동사 + 목적어

: '给'와 함께 쓰이는 대상에게 어떤 동작을 행함을 표현한다.

你周五给我打电话吧。

爸爸给我买书。

我给弟弟买词典。

他给女朋友发电子邮件。

2. "~에서 ~하다"의 표현: 전치사 "在"

주어 + 在 장소 + 동사 + 목적어

: "在"와 함께 쓰이는 장소에서 어떤 동작을 행함을 표현한다.

我们在电影院门口见面吧。　　我在图书馆学汉语。

我在家看书。　　你爸爸在哪儿工作？

본문 1

Xiàzhōuwǔ wǒmen yìqǐ kàn diànyǐng, zěnmeyàng?
姜韩斌：下周五我们一起看电影，怎么样？

Tài hǎo le! Qù nǎr kàn?
李　俊：太好了！去哪儿看？

Qù Lètiāndiànyǐngyuàn.
姜韩斌：去乐天电影院。

Nà nǐ xiàzhōuwǔ gěi wǒ dǎ diànhuà.
李　俊：那你下周五给我打电话。

Hǎo!
姜韩斌：好！

주요표현 및 문법 I

● 동작의 조건: 부사어

주어 + 부사어 + 동사술어 + 목적어

동사의 동작은 부사어의 여러 조건에 의해 이루어진다. 이 부사어들은 동사술어 앞에서 '시간, 장소, 방식, 대상, 빈도 등'의 의미를 나타내며 동작의 조건을 표현하게 된다.

시간, 장소:

A: 我们 什么时候 在哪儿 见？

B: 7点半在电影院门口见吧。

시간, 대상:

我 明天 给你 打电话。

시간, 방식:

A: 你 明天 一个人 去书店吗？

B: 我 跟朋友 一起 去。

시간, 대상:

爸爸 明天 给我 买词典。

본문 2

Jīntiān wǎnshang yǒu shénme diànyǐng?

李　俊：今天晚上有什么电影？

Wǎnshang qī diǎn wǔshí fēn yǒu《Bùnéngshuōdemìmi》

姜韩斌：晚上7点50分有《不能说的秘密》。

Wǒmen shénme shíhou zài nǎr jiàn?

李　俊：我们什么时候在哪儿见？

Qī diǎn bàn zài diànyǐngyuàn ménkǒu jiàn, hǎoma?

姜韩斌：7点半在电影院门口见，好吗？

Hǎo, wǎnshang jiàn!

李　俊：好，晚上见！

Zàijiàn!

姜韩斌：再见！

주요표현 및 문법 III

● '아주(非常)'와 '정말(真)'의 정도표현 비교

非常 / 真 + 형용사 / 심리동사

: '非常, 真' 모두 형용사나 심리동사 앞에 쓰여 정도가 높음을 나타낸다. 하지만 '真'은 '非常'보다 정도가 조금 더 높으며 생동감 있는 감탄의 의미도 표현한다.

这个电影非常有意思。

爸爸最近非常忙。

西班牙语非常难。

女主人公真漂亮啊！

电影院人真多啊！

真好！明天后天是周末。

본문 3

Zhè ge diànyǐng fēicháng yǒuyìsi.
李　俊：这个电影非常有意思。

Nǚzhǔréngōng zhēn piàoliang a!
姜韩斌：女主人公真漂亮啊！

Xiàzhōu yǒu xīndiànyǐng, wǒmen zài yìqǐ qù kàn.
李　俊：下周有新电影，我们再一起去看。

Hǎo a!
姜韩斌：好啊！

연습하기

01 녹음을 잘 듣고 해당 단어를 고르십시오.

(1) ① diànyǐng　② diānyīng　③ diǎnyǐng　④ diǎnyìng

(2) ① ménkōu　② ménkǒu　③ mènkòu　④ mènkǒu

(3) ① piàoliǎng　② piàoliang　③ piāoliang　④ piáoliǎng

(4) ① zhènzhèng　② zhènzhēng　③ zhēnzhěng　④ zhēnzhèng

02 녹음을 듣고 단어를 따라 읽으면서 병음을 써보세요.

(1) 电话 ______　(2) 非常 ______

(3) 周五 ______　(4) 主人公 ______

(5) 真 ______　(6) 新 ______

03 다음 문장을 문법에 맞게 고치십시오.

(1) 下周五我给打电话吧。 ______

(2) 在六点半马山火车站前见，好吗？ ______

(3) 女主人公非常真漂亮。 ______

WORKBOOK

01 다음 대화를 듣고 빈칸에 들어갈 단어를 쓰십시오.

(1) A : 我们去哪儿看电影？

B : ______________，怎么样? (롯데 시네마)

(2) A : 今天晚上 ______________ ? (무슨 새로 나온 영화 있니)

B : 有一部美国电影。

(3) A : 我们什么时候在哪儿见？

B : ______________ 见。(8시에 학교 정문에서)

02 다음 단어들을 어순에 맞게 배열해 보십시오.

(1) 你， 那， 周日， 给他， 打电话， 吧

______________。

(2) 两点， 在， 我们， 咖啡厅， 见， 怎么样

______________？

(3) 女主人公， 电影里的， 漂亮， 真

______________！

WORKBOOK

03 다음 문장을 읽고 질문에 답해 보십시오.

> 姜韩斌和李俊是好朋友，他们打算明天去合成洞乐天电影院看电影。电影的名字是《赤壁之战》。李俊给姜韩斌打电话，跟他说六点在学校正门见，一起打车去电影院。

(1) 姜韩斌明天做什么？

(2) 谁给谁打电话？

(3) 他们在哪儿看电影？

(4) 他们怎么去电影院？

09

你在干什么呢?

당신은 무엇을 하고 있습니까?

학습목표

- 진행표현
- 의지표현
- "~하기 좋다" 표현

- 정도부사 "最"
- 정도부사 복습
- 조동사 "要"

새로운 낱말

歌	gē	명 노래
组合	zǔhé	명 조합
专辑	zhuānjí	명 전집
好听	hǎotīng	형 듣기 좋다
闷	mèn	형 답답하다 / 괴롭다
听	tīng	동 듣다
喜欢	xǐhuan	동 좋아하다
要	yào	조동 ~하려고 하다
在	zài	부 진행표현 부사
最	zuì	부 가장
首	shǒu	양 곡, 수
嗯	èng	어기 대답 / 예
古典音乐	gǔdiǎnyīnyuè	클래식음악
流行音乐	liúxíngyīnyuè	대중음악
少女时代	Shàonǚshídài	소녀시대
东方神起	Dōngfāngshénqǐ	동방신기

문형 확장

喜欢　xǐhuan

最喜欢　zuì xǐhuān

我最喜欢　wǒ zuì xǐhuān

我最喜欢的组合　wǒ zuì xǐhuānde zǔhé

是我最喜欢的组合　shì wǒ zuì xǐhuānde zǔhé

少女时代是我最喜欢的组合　Shàonǚshídài shì wǒ zuì xǐhuānde zǔhé

好听　hǎotīng

最好听　zuì hǎotīng

这首歌儿最好听　Zhè shǒu gēr zuì hǎotīng

什么　shénme

买什么　mǎi shénme

要买什么　yào mǎi shénme

你要买什么　Nǐ yào mǎi shénme

专辑　zhuānjí

新专辑　xīn zhuānjí

东方神起的新专辑　Dōngfāngshénqǐde xīn zhuānjí

我要买东方神起的新专辑　Wǒ yào mǎi Dōngfāngshénqǐde xīn zhuānjí

표현익히기

주요 표현을 함께 만들어 보아요.

1. 당신은 무엇을 하고 있습니까?

你 ______ 干什么 ______ ?

zài　　　　ne

2. 이 곡이 가장 듣기 좋아요.

这首歌儿 ______ ______ 。

zuì　　　　hǎotīng

3. 당신은 어떤 음악을 가장 좋아하세요?

你 最 ________ 什么 ________ ?

xǐhuan　　yīnyuè

4. 저는 유행가를 좋아합니다.

我　喜欢 ________ 。

liúxíng yīnyuè

주요표현 및 문법 I

1. "~하기 좋다": 好 + 동사 → 형용사

	형용사	听	吃	喝	看	闻	玩
긍정	好 + 동사	好听	好吃	好喝	好看	好闻	好玩
부정	不好 + 동사	不好听	不好吃	不好喝	不好看	不好闻	不好玩

맛, 냄새, 소리, 모습, 느낌 등과 관계된 동사가 "好"와 함께 쓰여 형용사로 바뀌어 좋은 느낌이나 효과를 표현하게 된다. 단, "不好~"와 함께 쓰이면 상반된 의미를 나타낸다.

这首歌非常好听。　　女主人公真好看！(漂亮)

韩国菜很好吃！　　这个电影不好看。(没意思)

2. 최상급 표현 : 정도부사"最"

最 + 형용사 / 심리동사

: "最"를 형용사나 심리동사와 함께 사용하여 정도가 가장 높음. 즉 최상급을 표현할 수 있다.

她最喜欢古典音乐。

女主人公最漂亮。

少女时代是李俊最喜欢的组合。

这是少女时代最新的专辑。

3. 진행표현

주어 + 正在／正／在+ 동사 + 목적어 呢

" 正在 / 正 / 在 ~呢"를 써서 동작의 진행을 표현할 수 있다.

A: 你在干什么呢？　　B: 我在看书呢。

我弟弟在听音乐。　　我在给朋友打电话呢。

본문 1

Nǐ zài gàn shénme ne?

吴小莹：你在干什么呢？

Tīng gēr ne.

李　俊：听歌儿呢。

Zài tīng shuíde gēr?

吴小莹：在听谁的歌儿？

Shàonǚshídàide.Tāmen shì wǒ zuì xǐhuande zǔhé.

李　俊：少女时代的。她们是我最喜欢的组合。

Wǒ yě hěn xǐhuan

吴小莹：我也很喜欢。

Lái! Yìqǐ tīng ba. Nǐxǐhuan nǎshǒugēr?

李　俊：来！一起听吧。你喜欢哪首歌儿？

Èng, Zhè shǒu gēr zuì hǎotīng.

吴小莹：嗯，这首歌儿最好听。

주요표현 및 문법 II

정도표현 (복습: 상용 정도부사)

상용적으로 자주 쓰이는 정도부사들은 여러 개가 있는데 이들의 정도에는 차이가 있다. 이들 부사는 형용사나 심리동사를 더 생동적이고 정확하게 표현해 준다.

不太、有点儿、很、相当、非常、太~~了、真、最

从宿舍到教室不太远。07과

我最近学习很忙，有点儿累。02과

我爸爸妈妈身体都很好。02과

韩国泡菜相当好吃。11과

这个电影非常有意思。08과

明天后天是周末，太好了。04과

女主人公真漂亮！08과

这首歌儿最好听。09과

본문 2

Nǐ xǐhuan shénme yīnyuè?
李　俊：你喜欢什么音乐？

Wǒ xǐhuan gǔdiǎn yīnyuè
吴小莹：我喜欢古典音乐。

Gǔdiǎn yīnyuè tài mèn le!
李　俊：古典音乐太闷了！

Nà nǐ xǐhuan shénme yīnyuè?
吴小莹：那你喜欢什么音乐？

Wǒ xǐhuan liúxíng yīnyuè.
李　俊：我喜欢流行音乐。

주요표현 및 문법 III

● 의지표현: 능원동사(조동사) "要"

주어 + 要 + 동사술어 + 목적어

: 要가 동사술어 앞에서 의지를 표현한다.

我要买东方神奇的新专辑。

明天我要去书店买书。

A: 我下午要去图书馆看书。

B: 你要买什么书？

본문 3

Nǐ zài nǎr?
李　俊：你在哪儿？

Wǒ zài Dōngbǎoshūdiàn.
姜韩斌：我在东宝书店。

Nǐ yào mǎi shū ma?
李　俊：你要买书吗？

Búshì, wǒ yào mǎi Dōngfāngshénqǐde xīn zhuānjí.
姜韩斌：不是，我要买东方神起的新专辑。

연습하기

01 녹음을 잘 듣고 해당 단어를 고르십시오.

(1) ① zūhé ② zúhē ③ zǔhè ④ zǔhé

(2) ① zhuānjí ② zhuānjì ③ zhuǎnjí ④ zhuànjì

(3) ① hǎotīng ② hàotīng ③ hāotíng ④ hǎotíng

(4) ① gùdiàn ② gūdiàn ③ gǔdiǎn ④ gǔdiān

02 녹음을 듣고 단어를 따라 읽으면서 병음을 써보세요.

(1) 流行 ______ (2) 少女时代 ______

(3) 泡菜 ______ (4) 音乐 ______

(5) 闷 ______ (6) 首 ______

03 다음 보기에서 정확한 표현을 찾아 빈칸을 채우십시오.

在， 要， 最， 好

(1) 我朋友 ______ 喜欢的组合就是帝国的孩子们。

(2) 电影里的女主人公真 ______ 看。

(3) 后天我 ______ 去昌原见朋友。

(4) 老师 ______ 教学生汉语呢。

WORKBOOK

01 다음 대화를 듣고 빈칸에 들어갈 단어를 쓰십시오.

(1) A : 你在听什么音乐？

B : 我 ______________。(나는 고전음악을 듣고 있습니다.)

(2) A : ______________？(넌 어떤 음식을 제일 좋아하니?)

B : 麻婆豆腐。

(3) A : 你去邮局干什么？

B : ______________。(소포 부치러 간다)

包裹 bāoguǒ 소포, 보따리

02 다음 단어들을 어순에 맞게 배열해 보십시오.

(1) 你， 买， 去商店， 要， 什么

______________？

(2) 我， 喜欢， 最， 海边， 去， 游泳

______________。

(3) 游戏， 这个， 真， 玩， 不好

______________！

WORKBOOK

03 다음 문장을 읽고 질문에 답해 보십시오.

我非常喜欢流行音乐，韩国帝国的孩子们是我最喜欢的组合。知恩是我的好朋友，她不太喜欢流行音乐，喜欢古典音乐。明天我要和知恩一起去书店买专辑，我买帝国的孩子们的专辑，知恩买她喜欢的古典音乐CD。

(1) 知恩喜欢什么音乐？

(2) 我去书店买什么？

(3) 我和知恩是什么关系？

10

假期我想去海边。

방학 때 저는 해변에 가고 싶습니다

학습목표

선택을 묻는 표현
바램표현

선택의문문
상황변화의 어기조사 "了"
조동사 "想"

새로운 낱말

咖啡	kāfēi	명 커피
果汁	guǒzhī	명 과일쥬스
冰	bīng	명 얼음 / 차가운
时候	shíhou	명 ~때
海边	hǎibiān	명 바닷가
要	yào	동 필요로 하다
热	rè	형 뜨겁다 / 덥다
喝	hē	동 마시다
请	qǐng	동 ~청하다
给	gěi	동 ~에게 ~을 주다
等	děng	동 기다리다
放假	fàngjià	동 방학하다
假期	jiàqī	명 방학
走	zǒu	동 걷다 / 가다
想	xiǎng	조동 ~하고 싶다
稍	shāo	부 조금
已经	yǐjīng	부 이미
先	xiān	부 우선
当然	dāngrán	부 당연하다
还是	háishì	접 여전히
两	liǎng	수 둘 / 두
杯	bēi	양 잔 / 컵
了	le	조 어기조사
啊	a	감 놀람이나 의문의 감탄

문형 확장

热	rè
热的	rède
要热的	yào rède
你要热的	nǐ yào rède
你要热的，还是要冰的	Nǐ yào rède, háishì yào bīngde
咖啡	kāfēi
两杯咖啡	liǎng bēi kāfēi
给我两杯咖啡	gěi wǒ liǎng bēi kāfēi
请给我两杯冰咖啡	Qǐng gěi wǒ liǎng bēi kāfēi
放假	fàngjià
就放假了	jiù fàngjiàle
七月就放假了	Qī yuè jiù fàngjiàle
海边	hǎibiān
去海边	qù hǎibiān
想去海边	xiǎng qù hǎibiān
我想去海边	wǒ xiǎng qù hǎibiān
假期我想去海边	Jiàqī wǒ xiǎng qù hǎibiān

표현익히기

주요 표현을 함께 만들어 보아요.

1. 당신은 커피를 드시겠어요, 아니면 쥬스를 드시겠어요?

您 ______ 咖啡 ______ ______ 果汁？

hē　　　háishi　　　hē

2. 벌써 여름이 되었네요.

______ 夏天 ______。

Yǐjīng　　　le

3. 7월이면 곧 방학을 합니다.

七月 ______ 放假 ______ 。

jiù　　le

4. 방학 때 저는 해변에 가고 싶습니다.

放假 ______ 我 ______ 去海边。

de shíhou　　xiǎng

단어 · 주요표현 및 문법 I

咖啡	kāfēi	커피
茶	chá	차
牛奶	niúnǎi	우유
饮料	yǐnliào	음료
果汁	guǒzhī	과일쥬스
矿泉水	kuàngquánshuǐ	생수

● 선택의문문 : "还是"로 표현하는 선택의문문

A 还是 B?

A, B가 동일한 선택 조건에서 하나를 선택하도록 하는 표현으로 "혹은, 아니면"의 의미로 쓰인다.

明天你去，还是我去?

他明天回国，还是后天回国?

你要热的，还是要冰的?

你要喝茶，还是喝咖啡?

본문 1

Nǐ yào hē kāfēi, háishì yào hē guǒzhī?
姜韩斌：你要喝咖啡，还是要喝果汁？

Wǒ hē kāfēi.
金知恩：我喝咖啡。

Nǐ yào rède, háishì yào bīngde?
姜韩斌：你要热的，还是要冰的？

Wǒ yào bīngde.
金知恩：我要冰的。

Qǐng gěi wǒ liǎng bēi bīng kāfēi.
姜韩斌：请给我两杯冰咖啡。

Hǎo, qǐng shāoděng.
店　员：好，请稍等。

단어 · 주요표현 및 문법 II

春天	chūntiān	봄
夏天	xiàtiān	여름
秋天	qiūtiān	가을
冬天	dōngtiān	겨울

1. 상황변화의 了: 어기조사 "了"

: 명사, 형용사, 동사(是, 有)가 술어로 쓰인 문장 끝에 了가 쓰여 상황변화를 나타낸다.

명사술어문 : 已经夏天了。/ 现在一点五十分了。

형용사술어문 : 最近天热了。/ 身体好一点儿了。

是구문 : 我是大学生了。[나는 대학생이 되었다]
비교: 我是大学生。[나는 대학생이다]

有구문 : 我有女朋友了。[나는 여자 친구가 생겼다]
我没有女朋友了。[나는 여자 친구와 헤어졌다.(있다가 없어졌다.)]
비교: 我没有女朋友。[나는 여자 친구가 없다.]

2. 바램표현 : 능원동사(조동사) "想"

주어 + 想 + 동사술어 + 목적어

想은 동사술어 앞에서 바램을 표현한다.

放假的时候我想去海边。
你想喝什么？
我想去北京学汉语。
我不想买书，想买少女时代的新专辑。

본문 2

Jīntiān zhēn rè a!
金知恩：今天真热啊！

Yǐjīng xiàtiān le, dāngrán hěn rè.
姜韩斌：已经夏天了，当然很热。

Qī yuè jiù fàngjià le.
金知恩：七月就放假了。

Jiàqī wǒ xiǎng qù hǎibiān, nǐ yě yìqǐ qù ba!
姜韩斌：假期我想去海边，你也一起去吧！

Hǎo a!
金知恩：好啊！

주요표현 및 문법 III

1. 상황변화의 了2(어기조사)

是자문 ~ 了

有자문 ~ 了

형용사술어문 ~ 了

명사술어문 ~ 了

문미에 了를 써서 문장 전체 의미의 상황변화를 표현한다.

我是大学生了。

他没有钱了。

天亮了。

我今年二十岁了。

본문 3

Xiànzài jǐ diǎn le?
金知恩：现在几点了？

Yī diǎn wǔshí fēn le.
姜韩斌：一点五十分了。

À! Wǒ liǎng diǎn yǒu kè, xiān zǒule.
金知恩：啊！我两点有课，先走了。

Nǐ zhēn máng!
姜韩斌：你真忙！

Zàijiàn!
金知恩：再见！

연습하기

01 녹음을 잘 듣고 해당 단어를 고르십시오.

(1) ① kǎpēi ② kāpēi ③ kāfēi ④ kǎfēi

(2) ① hǎibiān ② kǎibiān ③ háibiān ④ hàipiān

(3) ① pàngjià ② pángjiǎ ③ fàngjià ④ fāngjiā

(4) ① dǎnglán ② dāngrán ③ dānglán ④ dàngrán

02 녹음을 듣고 단어를 따라 읽으면서 병음을 써 보십시오.

(1) 果汁 ______ (2) 稍等 ______

(3) 还是 ______ (4) 矿泉水 ______

(5) 夏天 ______ (6) 冰 ______

03 틀린 문장을 바르게 고치십시오.

(1) 你还是冰咖啡要热咖啡？

______。

(2) 今年夏天很热，我放假去想海边。

______。

(3) 这首歌的是少女时代。

______。

WORKBOOK

01 다음 대화를 듣고 빈칸에 들어갈 문장을 쓰십시오.

(1) A : 请给我一杯冰咖啡和一杯果汁。

B : ______________________。(잠깐만 기다려주세요)

(2) A : 我喜欢吃甜的，你呢?

B : ______________________。(난 신 걸 좋아한다)

(3) A : 你什么时候去中国？

B : ______________________。(나는 내년에 가고 싶다)

酸 suān 시다

02 다음 단어들을 어순에 맞게 배열해 보십시오.

(1) 很帅， 我弟弟， 不帅， 小的时候， 现在

______________________。

(2) 有事儿， 一会儿， 我， 走了， 先

______________________。

(3) 的时候， 想， 放假， 和朋友， 一起， 旅游

______________________。

03 다음 문장을 읽고 질문에 답해 보십시오.

下课后，韩斌和知恩一起去咖啡厅。韩斌喝咖啡，知恩吃冰淇淋。咖啡有点儿苦，冰淇淋有点儿甜。韩斌说，暑假的时候他想去美国旅游。知恩说，暑假她要考新HSK，每天要去图书馆学习。

(1) 知恩吃了什么？

______________________________。

(2) 暑假韩斌想做什么？

______________________________。

(3) 韩斌和知恩在哪儿见面？

______________________________。

(4) 咖啡和冰淇淋的味道怎么样？

______________________________。

11

你喜欢吃什么韩国菜?

당신은 어떤 한국음식을 좋아합니까?

학습목표

부정표현: "没"
"喜欢"과 관련된 표현

부정부사 "没"
정도부사 "相当"

새로운 낱말

肚子	dùzi	명 배
饭	fàn	명 밥
食堂	shítáng	명 식당
菜	cài	명 요리 / 음식
泡菜	pàocài	명 김치
泡菜汤	pàocàitāng	명 김치찌개
炸酱面	zhájiàngmiàn	명 짜장면
炒饭	chǎofàn	명 볶음밥
海鲜辣汤	hǎixiānlàtāng	명 매운탕
韩国菜	hánguócài	명 한국음식
饿	è	형 배고프다
好吃	hǎochī	형 맛있다
辣	là	형 맵다
喝	hē	동 마시다 / 먹다
次	cì	양 ~회 / ~번
请客	qǐngkè	초대하다

문형 확장

吃	chī
吃炸酱面	chī zhájiàngmiàn
想吃炸酱面	xiǎng chī zhájiàngmiàn
我想吃炸酱面	wǒ xiǎng chī zhájiàngmiàn
我想吃炸酱面, 你呢	Wǒ xiǎng chī zhájiàngmiàn, nǐ ne
喝	hē
喝海鲜辣汤	hē hǎixiānlàtāng
喜欢喝海鲜辣汤	xǐhuan hē hǎixiānlàtāng
我喜欢喝海鲜辣汤	Wǒ xǐhuan hē hǎixiānlàtāng
请客	qǐngkè
我请客	wǒ qǐngkè
下次我请客	xiàcì wǒ qǐngkè
那下次我请客	nà xiàcì wǒ qǐngkè
那下次我请客, 一起吃海鲜辣汤	Nà xiàcì wǒ qǐngkè, yìqǐ chī hǎixiānlàtāng

표현익히기

주요 표현을 함께 만들어 보아요.

1. 저는 배가 고파요.

我 ______ ______ 了。

dǔzi　　è

2. 어디 가서 먹지요?

去 ______ 吃呢?

nǎr

3. 김치찌개도 꽤 맛있어요.

泡菜汤也 ______ ______ 。

xiāngdāng hǎochī

4. 당신은 어떤 한국음식을 좋아합니까?

你 ______ 吃 ______ 韩国菜?

xǐhuan shénme

주요표현 및 문법 I

부정표현 : 부정부사 "没"

没 + 동사

: "没"가 동사 앞에 쓰여 이미 발생한 동작의 부정을 표현한다.

我也没吃, 一起去吃饭吧。

那个电影我没看。

昨天晚上不饿, 我就没吃晚饭。

"没"와 "不" 모두 동사 앞에 쓰여 부정을 표현한다. "不"는 일반적으로 현재와 미래를 부정하지만, "没"는 과거에 대해 부정을 한다. 단, "不"는 주관적 의지에 따른 부정을 나타내지만, "没"는 객관적이고 직관적인 경우의 부정을 표현한다. (생략)

昨天我在家, 哪儿也没去。

今天我要在家学习, 哪儿也不去。

我还没给他打电话, 你打吧。

我不喝咖啡, 我要一杯果汁。

A: 你没上课吗？ B: 我病了, 没去上课。

我不吃辣的。

那个菜太辣了, 我没吃。

본문1

Wǒ dùzi è le.
金知恩：我肚子饿了。

Wǒ yě méi chī, yìqǐ qù chī fàn ba.
李　俊：我也没吃，一起去吃饭吧。

Qù nǎr chī ne?
金知恩：去哪儿吃呢？

Qù shítáng chī ba.
李　俊：去食堂吃吧。

단어 · 주요표현 및 문법 II

咸	xián	짜다
淡	dàn	싱겁다
辣	là	맵다
酸	suān	시다
甜	tián	달다
苦	kǔ	쓰다

● "不错"의 의미

'错'는 원래 '틀리다, 잘못되다'의 의미를 지닌다. 하지만 부정형인 '不错'는 "틀리지 않다. 잘못되지 않다"의 의미를 표현하기 보다는 '옳다, 좋다, 괜찮다'의 의미를 표현하여, 실제 어휘가 갖는 의미와 다소 차이가 있음을 알 수 있다.

他说得不错。

她长得不错。

본문 2

Wǒ xiǎng chī zhájiàngmiàn, nǐ ne?
金知恩：我想吃炸酱面，你呢？

Wǒ chī chǎofàn
李　俊：我吃炒饭。

Zhè ge shítáng de zhájiàngmiàn hěn hǎochī!
金知恩：这个食堂的炸酱面很好吃！

Chǎofàn yě búcuò.
李　俊：炒饭也不错。

단어 · 주요표현 및 문법 III

中国菜	zhōngguócài	중국요리
日本菜	rìběncài	일본요리
法国菜	fǎguócài	프랑스요리
意大利菜	yìdàlìcài	이태리요리

● 정도표현 '상당히': "相当"

"相当"이 형용사 앞에 쓰여 정도가 비교적 높음을 표현한다.
예로 "非常"의 정도와 유사하다.

泡菜汤相当好喝。

韩国菜相当好吃。

男主人公相当帅。

这本词典相当不错。

본문 3

Nǐ xǐhuan chī shénme hánguócài?

金知恩：你喜欢吃什么韩国菜？

Wǒ xǐhuan pàocài, pàocàitāng yě xiāngdāng hǎohē.

李　俊：我喜欢泡菜，泡菜汤也相当好喝。

Wǒ xǐhuan hē hǎixiānlàtāng.

金知恩：我喜欢喝海鲜辣汤。

Wǒ yě xǐhuan chī làde.

李　俊：我也喜欢吃辣的。

Shì ma? nà xiàcì wǒ qǐngkè, yìqǐ hē hǎixiānlàtāng.

金知恩：是吗？那下次我请客，一起喝海鲜辣汤。

Tài hǎo le!

李　俊：太好了！

연습하기

01 녹음을 잘 듣고 해당 단어를 고르십시오.

(1) ① dúzì　② dúzī　③ dùzi　④ dúzi

(2) ① shítáng　② shìtāng　③ shītàng　④ shítǎng

(3) ① pǎocái　② pàocái　③ pāocài　④ pàocài

(4) ① qíngkè　② qǐngkè　③ qìngkě　④ qíngkē

02 녹음을 듣고 단어를 따라 읽으면서 병음을 써 보십시오.

(1) 泡菜汤 ________　(2) 炸酱面 ________

(3) 炒米饭 ________　(4) 海鲜辣汤 ________

(5) 意大利菜 ________　(6) 饿 ________

03 틀린 문장을 바르게 고치십시오.

(1) 我饿肚子了，去一起食堂吃饭吧。

________。

(2) 这个饭店的炒饭相当也好吃。

________。

(3) 知恩中午请我吃日本菜，好吃相当了。

________。

WORKBOOK

01 다음 대화를 듣고 빈칸에 들어갈 문장을 쓰십시오.

(1) A : 我早晨没吃饭，肚子太饿了。

B : ______________ ? (그럼 우리 뭐 먹으러 갈까?)

(2) A : ______________ ? (넌 어느 나라 음식을 좋아하니?)

B : 我最喜欢吃中国菜了。

(3) A : 你刚才去图书馆了吗？

B : ______________ 。(아니, 은행에 갔어)

02 다음 단어들을 어순에 맞게 배열해 보십시오.

(1) 打， 没， 给， 老师， 电话， 我

______________ 。

(2) 相当， 炸酱面， 这个餐厅， 的， 好吃

______________ 。

(3) 请， 下次， 吃， 你， 海鲜辣汤

______________ 。

03 다음 문장을 읽고 질문에 답해 보십시오.

> 我喜欢吃韩国菜，最喜欢吃泡菜汤。泡菜汤有点儿辣，但相当好吃。每个周末我和朋友一起去韩国餐厅吃韩国菜。今天下课后我跟李俊去了韩国餐厅。李俊不太喜欢吃辣的，我请他吃了紫菜包饭。

(1) 李俊不喜欢吃什么菜？

______________________________。

(2) 我们今天吃了什么？

______________________________。

(3) 我什么时候去韩国餐厅？

______________________________。

12

复习 복습

학습목표

- 7~11과 표현 복습
- 7~11과 문법 복습

필수표현

날짜 (요일) 관련 어휘

周一 zhōuyī　周二 zhōu'èr　周三 zhōusān　周四 zhōusì
周五 zhōuwǔ　周六 zhōuliù　周日 zhōurì　周末 zhōumò

일상에 접하게 되는 장소 관련 어휘

学校 xuéxiào　教室 jiàoshì　宿舍 sùshè
运动场 yùndòngchǎng　图书馆 túshūguǎn　食堂shítáng
书店 shūdiàn　电影院 diànyǐngyuàn
银行 yínháng　邮局 yóujú　医院 yīyuàn

계절 관련 어휘

春天 chūntiān　夏天 xiàtiān　秋天 qiūtiān　冬天 dōngtiān

음료 관련 어휘

饮料 yǐnliào　咖啡 kāfēi　果汁 guǒzhī　牛奶 niúnǎi
水 shuǐ　矿泉水 kuàngquánshuǐ

요리 및 맛 관련 어휘

韩国菜 hánguócài　中国菜 zhōngguócài
法国菜 fǎguócài　意大利菜 yìdàlìcài
泡菜汤 pàocàitāng　炸酱面 zhájiàngmiàn
炒饭 chǎofàn　海鲜辣汤 hǎixiānlàtāng
咸 xián　淡 dàn　辣 là
酸 suān　甜 tián　苦 kǔ

필 수 표 현

전치사 : 离、从、到、在、给

① 你家离学校远吗？
Nǐ jiā lí xuéxiào yuǎn ma?

② 从宿舍到教室远吗？
Cóng sùshè dào jiàoshì yuǎn ma?

③ 我们 7点半在电影院门口见。
Wǒmen qī diǎn bàn zài diànyǐngyuàn ménkǒu jiàn.

④ 你下周五给我打电话吧。
Nǐ xiàzhōuwǔ gěi wǒ dǎ diànhuà ba.

정도부사 : 不太、非常、真、相当、最、

① 从宿舍到教室不太远。
Cóng sùshè dào jiàoshì bútài yuǎn.

② 这个电影非常有意思。
Zhège diànyǐng fēicháng yǒuyìsi.

③ 女主人公真漂亮！
Nǚzhǔréngōng zhēn piàoliang!

④ 韩国泡菜相当好吃。
Hánguó pàocài xiāngdāng hǎochī.

⑤ 这首歌儿最好听。
Zhè shǒu gēr zuì hǎotīng.

의문대명사 : 怎么、怎么样、哪儿、什么、什么时候

① 你怎么来学校？
Nǐ zěnme lái xuéxiào?

② 下周五我们一起看电影，怎么样？
Xiàzhōuwǔ wǒmen yìqǐ kàn diànyǐng, zěnmeyàng?

③ 我们去哪儿看电影？
Wǒmen qù nǎr kàn diànyǐng?

④ 今天晚上有什么电影？
Jīntiān wǎnshang yǒu shénme diànyǐng?

⑤ 我们什么时候在哪儿见？
Wǒmen shénme shíhou zài nǎr jiàn?

선택의문문 : 还是

① 咖啡你要热的，还是要冰的？
Kāfēi nǐ yào rède, háishì yào bīngde?

② 明天你去，还是我去?
Míngtiān nǐ qù, háishì wǒ qù?

동작의 조건 : 부사어(시간, 장소, 방식, 대상, 빈도 등)

① 我们7点半在电影院门口见吧。(시간, 장소)
Wǒmen qī diǎn bàn zài diànyǐngyuàn ménkǒu jiàn ba.

② 我明天给你打电话。(시간, 대상)
Wǒ míngtiān gěi nǐ dǎ diànhuà.

③ 你明天一个人去书店吗？(시간, 방식)
Nǐ míngtiān yí ge rén qù shūdiàn ma?

④ 爸爸明天给我买词典。(시간, 대상)
Bàba míngtiān gěi wǒ mǎi cídiǎn.

기호 표현

① 我喜欢泡菜，泡菜汤也相当好喝。
Wǒ xǐhuan pàocài, pàocàitāng yě xiāngdāng hǎohē.

② 我喜欢喝海鲜辣汤。
Wǒ xǐhuan hē hǎixiānlàtāng.

③ 我也喜欢吃辣的。
Wǒ yě xǐhuan chī làde.

진광호

부산외국어대학교 중국학부

주홍

부산외국어대학교 중국어학부

이길연

창신대학교 중국어학과

위수광

창신대학교 중국어학과

생생한 LIVE 중국어 1 개정판

1판 1쇄 발행 _ 2014년 3월 2일
2판 2쇄 발행 _ 2020년 2월 20일

저 자 • 진광호 · 주홍 · 이길연 · 위수광
발 행 인 • 정 현 걸
발 행 • 신 아 사
인 쇄 • 한길프린텍
출판등록 • 1956년 1월 5일 (제9-52호)
주 소 • 서울특별시 은평구 통일로 59길 4 (2F)
전 화 • 02)382-6411 · 팩스 02)382-6401
홈페이지 • www.shinasa.co.kr
E-MAIL • shinasa@daum.net

ISBN 978-89-8396-991-0 (93720)

정가 *15,000*원